반려동물과 함께하다

반려동물과 함께하는 우리,
이대로 괜찮을까?

반려동물과 함께하다

초판 1쇄 발행 2022년 9월 5일

지은이 이학범   **펴낸곳** 크레파스북   **펴낸이** 장미옥
편집 정미현, 김용연, 임경아   **디자인** 김지우   **마케팅** 김주희
일러스트 김영곤

출판등록 2017년 8월 23일 제2017-000292호
주소 서울시 마포구 성지길 25-11 오구빌딩 3층
전화 02-701-0633   **팩스** 02-717-2285   **이메일** crepas_book@naver.com
인스타그램 www.instagram.com/crepas_book
페이스북 www.facebook.com/crepasbook
네이버포스트 post.naver.com/crepas_book

ISBN 979-11-89586-49-2(03300)
정가 14,000원

이 도서의 국립중앙도서관 출판예정도서목록CIP은 서지정보유통지원시스템 홈페이지(http://seoji.nl.go.kr)와
국가자료종합목록 구축시스템(http://kolis-net.nl.go.kr)에서 이용하실 수 있습니다.

반려동물과

함께하다

글 이학범

올바른 반려문화 확립에
디딤돌이 되다

    반려동물이 우리의 가족으로 자리 잡으며 반려동물 분야에 대한 사회적 관심이 높아지고 다양한 법령과 제도가 생기고 있습니다. 동물보호자들도 반려동물을 더 잘 키우기 위해서 적극적으로 관련 교육을 받거나 정보를 찾아보며 양육하고 있으며, 반려동물의 건강을 위해 정기적으로 동물병원을 방문하는 등 동물보호자의 역할을 다하고 있습니다.

    그러나 아직도 한편에서는 잔인한 동물 학대 범죄나 무지로 인한 동물 학대, 올바른 반려문화에 대한 인식 부족으로 반려인과 비반려인 사이의 갈등이 생기기도 합니다.

    이 책은 반려동물을 가족으로 맞이하면서 동물보호자가 기본적으로 알아야 할 상식뿐만 아니라, 동물의 법적 지위 등 동물과 관련된 다양한 시사 문제, 그리고 사람과 동물 모두의 건강을 지키기 위한 원헬스 개념 등 다양한 주제를 다루고 있어 반려인은 물론, 반려동물을 키우지 않는 분들도 흥미롭게 볼 수 있을 것입니다.

허 주 형
대한수의사회장

동물과 사람이 조화롭게
공존하는 세상으로!

인권(人權) 확장의 최종 종착지는 어디일까요? 불과 몇 년 새에 동물복지를 넘어 동물권도 자연스러운 사회적 주제가 되었고, 동물과 사람의 조화로운 사회는 우리가 추구해야 할 더 나은 세상의 핵심 가치가 되었습니다. 정치의 장에서도 의원연구단체 '동물복지국회포럼'을 중심으로 입법과 정책의 영역을 점차 넓혀가고 있는데, 이 책의 저자 이학범 '글쓰는 수의사'의 전문적이고 깊이 있는 자문이 방향과 내용을 잡는데 가장 큰 역할을 해주고 있습니다.

이 책은 저자가 직접 목격한 현장의 증언부터 동물과 사람이 조화롭게 공존하기 위해 고민해온 정부, 입법부, 시민사회의 발자취들을 생생하게 전하고 있습니다. 또한 동물 관련 이슈들을 예시로 고민할 점들을 이해하기 쉽게 풀어냈습니다.

동물복지 대한민국으로 나아가기 위해 아직도 갈 길이 멉니다. 동물보호법 등 최신 입법에 대한 평가를 읽으며 국회에서 앞으로 고민해야 할 과제들에 대해 되새겨 보는 기회가 되었습니다.

박 홍 근
더불어민주당 원내대표,
국회의원연구단체 '동물복지국회포럼' 공동대표

반려동물과 함께 하는 삶,
우리가 가야 할 길은?

『반려동물을 생각한다』를 펴낸 지 3년이 지났다.

'펫코노미'라는 그럴싸한 이름 아래 동물을 돈벌이 수단으로만 여기며 산업에 뛰어드는 사람들, 기본적인 펫티켓을 지키지 않아 주변에 피해를 주는 반려인들, 동물에 대한 잘못된 선입견과 오해를 가진 사람들이 내 책을 읽고 조금이나마 생각이 바뀌길 바라며 열심히 책을 썼다.

다소 어렵고 재미없는 내용이었음에도 "꼭 필요한 내용을 다뤄줘서 고맙다."라는 이야기를 들을 때마다 기뻤고, 특히 반려동물 정책을 펼치는 농림축산식품부 담당부처에서 책을 단체로 읽었다는 소식을 들었을 때 큰 보람을 느꼈다.

그로부터 3년이 지난 지금, 반려동물 산업과 양육 문화는 어떻게 바뀌었을까. 많이 나아졌을까? 안타깝게도 그렇지 않은 것 같다. 조금씩 발전하고 있지만, 아직도 가야 할 길이 매우 멀어 보인다.

반려동물과 관련된 통계는 여전히 정확하지 않고, 동물등록제 등 펫티켓 정착은 다른 세상 이야기다. 개 식용 관련 논란은 제자리이며, 신종 인수공통감염병인 코로나19가 전 세계를 강타하고 반려동물 감염 사례도 나왔음에도 정부는 부끄러운 선택을 했다. '반려동물 보호자들을 위한다'는 명분을 핑계로, 전문가들의 경고를 무시한 채 '밀어붙이기' 식으로 추진한 정책들은 현장의 혼란으로 이어지고 말았다.

환골탈태를 하기에 3년이라는 시간은 부족했나 보다.

그래도 아쉬워할 수만은 없다. 반려동물 양육인구는 계속 늘어날 테고, 동물보호복지에 대한 국민의 관심도 점점 커질 것이다. 3년 뒤에 또다시 '안타깝다. 여전히 가야 할 길이 멀다'는 평가를 받아서는 안 될 것이다.

그래서 다시 한번 우리나라 반려동물 산업과 반려동물 양육 문화의 현주소를 짚어보고, 동물보호복지 정책이 나아가야 할 방향을 제시해본다.

동물 진료비, 동물 촬영, 유기동물 및 사설보호소, 펫티켓, 동물학대 등 다양한 주제에 대한 생각을 자유롭게 풀어냈다.

이 책이 반려인들과 반려동물 산업에 종사하는 분들, 그리고 반려동물 관련 정책을 만드는 분들에게 조금이나마 도움이 되길 바란다.

당신은 반려인으로서 몇 점입니까?
우리 사회는 반려동물에게 몇 점짜리 환경을 제공하고 있을까요?

반려동물의 수가 증가하고, 사회적 관심이 높아지면서
반려동물을 바라보는 시각이 개선되었다고는 하지만
아직도 풀어야 할 숙제가 많습니다.
동물보호복지와 반려동물 양육 문화에 대한
솔직하고 현실적인 이야기에 귀기울여 봅니다.

01.

첫 번째 이야기

반려동물과
가족이 되려면

반려동물도
출생신고가 필요하다

반려동물의 주민등록증,
동물등록제

동물등록제는 2014년 1월 1일 의무시행된 제도다. 2개월령 이 상의 반려견은 반드시 등록해야 한다. 동물등록을 하지 않는 것 은 동물보호법 위반(불법)이고 과태료가 부과되지만, 여전히 많 은 사람이 동물등록을 외면하고 있다. 사람으로 치면 아이가 태 어났을 때 출생신고도 하지 않고 주민등록증도 만들어주지 않는 것이다. 반려동물의 출생신고를 하지 않는 반려인은 동물을 키 울 자격이 없다고 생각한다.

  2020년까지 등록된 총반려견 수(누적 동물등록 수)는 232만

1,701마리다. 하지만 정부 통계(2020년 동물보호 국민의식조사)에 따르면 2020년 기준 우리나라의 반려견은 약 602만 마리로 동물등록을 한 반려견이 절반도 채 되지 않음을 알 수 있다(물론 602만 마리라는 추정치도 엉터리였다는 게 추후 밝혀졌다). 출생신고를 하지 않은 아이가 절반 이상이라고 상상을 해보자. 너무 이상하지 않은가?

동물등록제 대상이 2개월령 이상의 반려견이므로 대부분의 반려견이 2개월령 미만이라면 이런 상황도 가능하다 할 수 있다. 하지만 반려견을 분양·입양 받을 수 있는 동물 판매연령이 생후 2개월임을 감안하면 사실상 모든 반려견이 동물등록 대상이라고 보면 된다. 최근에는 반려견 분양·입양 시 동물등록이 의무화되어 있기도 하다.

여기서 잠깐! 2020년까지 등록된 총반려견 수(누적 동물등록 수) 232만 1,701마리는 등록 후 사망 개체가 제외되지 않은 수치다. 사람이 죽으면 사망신고를 하는 것처럼 동물등록을 한 뒤 등록한 개체가 죽으면 동물등록 말소신고를 해야 하는데 그런 개체를 제외하지 않은 허수라는 것이다.

시범사업까지 계산하면 동물등록제가 시행된 지 13년이 됐다. 등록 후 사망한 개체가 당연히 꽤 될 텐데 그 숫자까지 다 포함한 '누적' 동물등록 개체가 232만 마리라는 건 실제 살아있는 반려견 중 동물등록을 한 숫자는 훨씬 적다는 뜻이다.

첫 단추 잘못 끼운
동물등록제의 더딘 걸음

동물등록제는 유기동물 발생을 예방하고 동물을 잃어버렸을 때 쉽게 찾을 수 있도록 돕는 제도다. 그런데 동물등록제가 전국으로 확대된 2014년, 정부는 동물등록방법으로 내장형 마이크로칩, 외장형 RFID 태그, 외장형 인식표 등 3가지를 제시했다.

외장형 등록방법은 동물을 버리고자 한다면 태그·인식표를 얼마든지 떼어낼 수 있고, 어딘가 걸려서 떨어지거나 분실되는 경우도 많다. 실제로 외장형으로 등록했다가 분실 후 동물등록을 2번, 3번 하는 이들도 적지 않다.

또한, 반려견, 반려묘를 데리고 해외에 가려면 내장형으로 등록해야 한다. 각 나라의 검역 기준에 따라 차이가 있긴 하지만 보통 개, 고양이에게 광견병 예방접종과 내장형 등록을 요구하기 때문이다. 외장형으로 동물등록을 한 경우 해외에 나갈 때 다시 내장형으로 등록해야 하는 불편함이 발생한다. 물적·시간적 낭비이다. 처음부터 내장형으로만 동물등록을 시작했으면 발생하지 않았을 상황이다.

3가지 동물등록방법 중 내장형 등록방식만이 유일하게 동물등록의 실효성(유기동물 방지, 동물반환)을 거둘 수 있고, '내장형으로만 동물등록방식을 일원화해야 한다'는 전문가들의 조언이 있었음에도 정부는 3가지 방식을 고수했다.

내장형 마이크로칩

    당시 내장형 마이크로칩이 종양을 유발한다는 우려와 추후 RFID칩을 사람의 체내에도 삽입해서 의료정보를 빼낼 것이라는 이유로 내장형 동물등록을 반대하는 분위기가 있었다. 하지만 이미 수많은 연구를 통해 내장형 마이크로칩의 안전성은 확인됐고, 부작용 발생비율이 항생제, 백신 등과 같은 일반적인 주사와 비슷하거나 오히려 더 적다는 것이 과학적으로 입증된 상태였다.

    미국에서 오바마케어를 추진하던 당시의 일이다. 칩을 체내에 삽입하여 의료정보 이용에 활용하겠다는 내용이 있었는데, 일부 종교단체가 이것이 요한계시록 제13장 16~18절에 나오는 적

그리스도의 표식인 666이라며 적극 반대한 일명 '안티칩' 운동
이 있었다. 결국 그 내용은 오바마케어법에서 빠졌다. 그런데 우
리나라에서 반려견 동물등록을 추진하니 미국의 '안티칩' 운동을
거론하며 내장형 등록을 반대한 사람들이 있었다. 일반 시민들
의 반대와 우려는 차치하더라도 의료분야 전문직 단체에서조차
자신들의 이익과 직능 간 갈등 때문에 이 내용을 언급하며 내장
형 동물등록을 반대하는 일까지 있었다.

상황이 이렇다 하더라도 과학적인 근거를 제시하며 반대 여론
을 설득하는 것이 정부의 역할이지만 오히려 이런 반발에 휘둘
리고 말았다. 결국, 동물등록방법은 3가지로 확정되었고 오랫동
안 혼란이 지속되고 있다.

동물등록비도 문제였다. 정부는 초기에 동물등록비를 놓고 우
왕좌왕하는 모습을 보였다. 동물등록비는 등록방법과 지역에 따
라 5천 원~4만 원 정도 발생한다. 그런데 각 지자체에서 동물등
록 참여율을 높이기 위해 무료로 동물등록을 해주는 이벤트를
진행하면서 불만이 터져 나왔다. 제도 도입 초기, 정부의 방침
을 잘 따르고 불법행위를 하지 않는 보호자들은 자신의 돈을 내
고 동물등록을 했다. 그런 '착한' 보호자는 외면하고 동물등록을
하지 않은 보호자들에게 무료 서비스를 제공하니 불만이 생기
는 것이 당연하지 않은가. "동물등록을 안 한 사람들에게 과태료
를 부과하지는 못할망정 왜 무료로 동물등록을 해주나. 처음부

터 돈을 내고 동물등록을 한 사람들은 바보인가." 너무나 타당한 지적이다. 결과론적인 얘기지만 오히려 동물등록 의무화 초기에 농불능복을 무료로 시행하고, 일정 시간이 지난 뒤에 유료화했다면 어땠을까 하는 아쉬움이 남는다.

동물등록 자진신고 숫자에
숨은 진실

정부는 2019년 '동물등록 자진신고 기간'을 처음 운영하며 "지금까지 동물등록을 하지 않았어도(불법행위를 하고 있었어도) 자진신고 기간에 등록하면 과태료를 부과하지 않는다. 대신 자진신고 기간 이후 대대적인 단속을 할 것이니 이번에 꼭 등록하라."라고 밝혔다. 약 2달간 포털 메인 광고까지 하면서 대대적으로 동물등록을 홍보했고 자진신고 기간 이후에는 지자체 합동 단속까지 벌였다.

결과는 대성공이었다. 숫자만 본다면 말이다. 2019년 7~8월 2달간 33만 4,921마리가 신규 등록됐는데, 이는 2018년 전체 신규등록 수(146,617마리)보다 2배 이상 많은 수치였다. 당시 정부는 "자진신고 기간 신규등록 실적은 전년 동기 대비 16배, 2018년 한해 신규등록의 2배를 넘는 수준이다. 자진신고 기간 운영이 동물등록에 대한 국민인식을 높이는 계기가 됐다."라고 자평했다.

두 번째 동물등록 자진신고 기간은 2021년 7월 19일부터 9월 30일까지 운영됐다. 기간 중 신규 등록된 반려견은 총 17만 9,193마리였다. 첫 번째 자진신고 기간에는 미치지 못하지만 그래도 2020년 전체 신규등록 수(235,637마리)의 3/4을 2달 만에 달성했다. 정부는 다시 한번 '반려견 등록 자진신고 기간에 전년 동기 대비 364% 달성'이라는 제목의 홍보자료를 배포하며 실적을 자랑했다.

하지만 여러 가지 문제가 있었다. 우선, '동물등록을 하지 않고 버틴 사람들에게 면죄부를 자꾸 준다'는 지적이 나왔다. 자진신고 기간을 한 번이 아니라 여러 차례 운영하니까 이런 지적이 나오지 않는 게 오히려 이상하다. 동물등록 자진신고 기간은 2019년, 2021년에 이어 2022년에도 운영됐다. '자진신고 기간에 과태료 부과를 유예할 테니 등록해라. 그 뒤에는 대대적으로 단속한다'는 정부의 말이 무색하지 않은가? 등록을 안 하고 조금만 버티면 또 자진신고 기간을 운영하고 과태료를 유예해 줄 텐데 말이다. 더 큰 문제는 내장형 등록비율이 크게 감소했다는 점이다.

전체 동물등록 중 내장형 등록이 차지하는 비율(내장형 비율)은 2016년 65.2%, 2017년 67.5%, 2018년 61.0% 등 60% 이상을 유지하다가 1차 자진신고 기간을 운영한 2019년 44.3%로 감소했다. 2020년 58.9%로 다시 늘어난 내장형 비율은 2차 자진신고 기간을 운영한 2021년 42.7%로 또 한 번 주저앉았다. 동물등록

반려동물과 함께하다

자진신고 기간을 운영한 해에만 내장형 비율이 40%대로 떨어지는 일이 반복된 것이다.

외장형 등록이 허용되고 있는 상황에서 "자진신고 기간에 동물등록을 꼭 해라. 자진신고 기간 끝나면 대대적으로 단속한다."라고 정부가 대대적으로 홍보하니 급하게 외장형으로 동물등록을 선택한 분들이 늘어난 까닭이다.

유일하게 실효성 있는 동물등록방법인 내장형 등록만 허용되어 있었다면 자진신고 기간 운영의 효과도 더욱 커지지 않았을까? 내장형 비율이 40%대로 감소했는데도 자화자찬하는 홍보자료를 배포하는 정부의 행보에 씁쓸한 마음이 든다.

외장형 등록방법을 계속 허용한 정부의 실책과 결정 장애는 어이없게 다른 곳으로 번졌다. 포털사이트에 동물등록을 검색하면 '온라인 동물등록', '구청·시청 방문 없이 1분 만에 등록'이라고 광고하는 업체들이 여럿 나온다. 외장형 등록을 대행해주는 업체다. 보호자 입장에서는 동물등록을 하라고 대대적으로 홍보하니 검색해볼 테고, 검색하면 이런 업체들이 나오니 손쉽게 외장형으로 등록하게 된다. 외장형 등록을 허용해 놓은 상태에서 자진신고 기간을 운영하면 할수록 내장형 비율이 감소할 수밖에 없는 상황이 되는 것이다.

이런 업체들은 외장형 등록이 불법이 아니라 합법인 상황에서 동물등록을 수월하고 쉽게 도와주는 '선한' 기업이 되고 있다. 사실 이런 사업을 하는 분들도 외장형 등록이 실효성 없다는 걸 모르지 않는다. 그런데도 '온라인 동물등록'을 유도하고 동물등록 자진신고 기간 동안 '월 매출 몇 억을 달성했다'는 식으로 홍보까지 한다. 화가 나는 일이지만 화살을 그들에게 돌리고 싶지는 않다. 정부의 방치가 만들어낸 상황이기 때문이다. 그저 자신이 하는 일이 반려동물 양육 문화 정착에 도움이 되는 일인지 아니면 단순한 돈벌이 때문에 하는 일인지 돌아보길 바랄 뿐이다.

하다하다
편의점 동물등록까지 등장

정부의 실책과 결정 장애 때문에 정말 황당한 일까지 등장했다.

이마트 편의점 이마트24가 동물등록 대행 서비스를 도입한다고 밝힌 것이다. 이마트24 매장에서 반려견 등록 서비스를 신청하면 고객이 남긴 연락처로 등록 링크가 발송되고, 링크를 눌러 반려견 정보를 입력하면 등록 서비스 플랫폼을 통해 동물등록이 되는 방식이다.

언뜻 보면 동물등록의 편의성을 높이고 동물등록률 향상에 기여할 것처럼 보이지만, 큰 문제가 있다. 바로 실효성이 없는 '외장형 태그' 방식으로만 등록이 된다는 점이다. 이마트24에 따르면, 고객이 원하는 장소로 외장칩이 배송된다고 한다. 이마트24

반려동물과 함께하다

와 손잡은 플랫폼은 '선한' 기업으로 포장된 온라인 동물등록 업체 중 하나다.

'내장형' 등록만 동물등록제의 취지를 살릴 수 있는데, 이제 편의점까지 나서 '외장형 등록'을 권하니 황당할 따름이다. 그저, 내장형으로만 동물등록을 하는 여러 선진국에 이 소식이 알려지지 않길 바랄 뿐이다(알려지면 너무 부끄러울 것 같다). 내장형 등록이 의무가 아니었던 일본도 2022년 6월 1일부터 개, 고양이 마이크로칩 삽입을 의무화했다. 당연히 외장형 등록방법은 없다. 실효성이 없기 때문이다. 그런데 왜 우리나라는 거꾸로 '편의점을 통한 외장형 등록'까지 등장한 것인지 개탄스럽다.

물론, 원인제공은 정부가 했다. 3가지 등록방법을 허용하며 '첫 단추'를 잘못 끼웠으니까.

이마트24는 동물등록 대행 서비스에 대해 "간편하게 반려동물 등록을 진행할 수 있고, 전국 매장이 반려동물 등록을 장려하고 알릴 수 있는 오프라인 홍보 채널 역할을 수행할 수 있을 것"이라고 밝혔는데, 이마트24 측에 바란다. 진정으로 동물등록의 중요성을 이해한다면, 외장형 등록 서비스를 할 게 아니라, 내장형 등록을 할 수 있는 동물등록 대행업체를 홍보하는 게 맞다.

동물등록 변경신고의
긍정적인 변화

동물등록제에 대해 부정적인 비판만 했지만 그래도 희망은 있다. 정부의 움직임이 달라졌기 때문이다.

우선 '3개월령 이상'이었던 등록 기준을 개·고양이 판매 가능 기준인 '2개월령 이상'으로 변경했다. 입양·분양 등 동물판매와 동시에 동물등록이 이뤄질 수 있도록 한 것이다(판매라는 단어가 거슬릴 수 있으나 동물보호법에 명시된 용어이므로 그대로 사용한다).

2021년 동물등록 자진신고 기간에도 긍정적인 부분이 있었다. 바로 동물등록 변경신고가 268,533건으로 전년 같은 기간보다 13배 증가한 것이다. 많은 보호자가 동물등록을 하면 모든 게 끝났다고 생각하지만 보호자가 바뀌거나 보호자가 똑같아도 주소나 연락처가 바뀌었을 때 변경신고를 해야 한다. 이사 갔을 때 전입신고하는 것과 마찬가지다. 또한 사람의 사망신고처럼 동물등록한 반려견이 사망했을 때도 신고해야 한다.

이처럼 동물등록 변경신고도 의무 사항인데 변경신고 자체를 모르는 분들이 많다. 그런데 2021년 자진신고 기간을 운영하면서 동물등록 변경신고가 대대적으로 홍보가 된 것 같아 긍정적으로 보인다. 간단한 변경신고는 동물보호관리시스템(www.animal.go.kr)을 통해 온라인으로 손쉽게 할 수 있으니 꼭 기억하자. 참고로 동물등록 변경신고를 하지 않았다가 적발되면 과태료가 부과된다.

반려견 등록방법에도 변화가 있다. 내장형 마이크로칩, 외장형 RFID 태그, 외장형 인식표 3가지 방법 중 외장형 인식표를 통한 동물등록방법이 없어진 것이다. 그나마 발전이라면 발전이지만 외장형 태그 방식이 남아있는 한 진정한 실효성은 기대하기 어렵다. 2021년 자진신고 기간은 외장형 인식표가 금지된 이후에 시행되었음에도 내장형 비율이 42.7%에 그쳤다. 외장형 태그까지 금지하고 내장형으로만 등록방법을 일원화해야 진정한 실효성을 기대할 수 있다.

반려견과 달리 고양이등록은 의무 사항이 아니다. 동물보호법에 따라 2개월령 이상의 반려견은 반드시 등록해야 하지만 반려묘 등록은 시범사업으로 보호자가 등록 여부를 선택할 수 있다. 2022년 2월부터 반려묘 등록 시범사업이 전국으로 확대됐기 때문에 전국 어디에서든 원하면 고양이를 등록할 수 있다. 고양이 동물등록도 몇 년 안에 의무화될 예정이다.

3가지 동물등록방법을 허용했던 개와 달리, 고양이는 처음부터 '내장형'으로만 시행 중이다. 외장형 등록 자체가 불가능하므로 고양이등록은 늘어날수록 등록의 실효성도 같이 높아진다.

정부는 내장형으로만 고양이등록을 하는 이유에 대해 "외장형 방식은 고양이의 행동 특성상 목걸이의 훼손이나 탈착이 빈번하다는 점을 고려해 제외했다."라고 설명했다. 또한 반려견 등록방법에서 외장형 인식표 방법을 제외할 때는 "인식표는 훼손되거나 떨어질 위험이 커 등록동물을 잃어버리는 경우 소유자를 찾기 어렵다는 지적에 따라 등록방식에서 제외했다."라고 밝혔다. 그러나 훼손되거나 떨어질 위험이 큰 것은 외장형 태그도 같지 않은가? 정부도 이를 모르지 않을 것이다. 하루빨리 반려견 등록방법이 내장형으로 일원화되어 10여 년간 계속된 혼란과 낭비가 없어지길 기대한다.

반려동물 양육 통계의 오류

"반려동물 양육 인구, 더 이상 400만 가구 1천만 반려인이 아닙니다. 이제 600만 가구 1,500만 반려인 시대입니다."

2017년 이후로 반려동물 관련 강의를 할 때마다 했던 말이다. '600만 가구 1,500만 반려인'이라는 조사 결과가 여기저기서 계속 발표됐기 때문이다. 그런데 이 말이 틀렸다는 게 얼마 전에 확인됐다.

우리나라에 반려동물이 몇 마리인지, 반려동물을 양육하는 사람이 몇 명인지 정확히 아는 사람은 한 명도 없다. 사람처럼 출생신고, 사망신고가 제대로 이뤄지지 않기 때문이다. 동물등록제가 시행됐지만, 반려견만 의무이고 고양이 등 다른 동물은 의무가 아니다. 심지어 동물등록이 의무인 반려견도 실제 동물등

반려동물과 함께하다

록을 한 경우는 절반 미만으로 추정된다.

동물등록을 했다 하더라도 보호자가 바뀌었거나, 주소·연락처가 변경된 경우, 그리고 등록한 반려견이 사망하면 변경신고·말소신고를 해야 하는데 이런 사실을 모르는 보호자도 많다. 상황이 이러니 정확한 숫자가 파악될 리 만무하다.

결국 우리나라 반려동물 통계는 '반려동물이 정확히 몇 마리 있는지 아무도 모르며 그나마 동물등록이 의무화된 반려견조차 제대로 알지 못하는 상황'이라고 말할 수 있다. 이런 상황에서 반려동물 수, 양육 인구는 설문 조사를 통해 추정할 수밖에 없다. 다행히 정부는 물론, 여러 조사 기관에서 반려동물 양육 통계를 정기적으로 조사해서 발표하고 있다.

2017년 8월 한국펫사료협회가 국민 2,024명을 대상으로 설문 조사를 한 결과, 반려동물 양육 인구는 563만 가구로 추정됐다. 같은 달 한국농촌경제연구원도 비슷한 조사를 했다. 국민 2,000명을 대상으로 설문 조사를 했는데 반려동물 양육 가구 추정치는 574만 가구였다. 2017년 11월 정부가 국민 5천 명을 대상으로 조사한 결과(2017년 동물보호 국민의식조사)도 비슷했다. 반려동물 양육 가구가 593만 가구에 육박했다. 이때부터 "반려동물 양육 가구는 더 이상 400만이 아니라 600만 가구"라는 말이 나오기 시작했다.

'600만 가구 1,500만 반려인' 추정치에 힘을 실어주는 설문 조사 결과는 2021년까지 매년 발표됐다. KB경영연구소가 2021년 3월 발간한 '2021 한국 반려동물보고서'는 반려동물 양육 인구를 604만 가구 1,448만 명으로 추정했다. 1천 명을 대상으로 조사한 결과다. 정부가 국민 5천 명을 대상으로 실시한 '2020년 동물보호 국민의식조사'도 반려동물 양육 인구를 638만 가구 1,530만 명으로 추정했다. '600만 가구 1,500만 반려인'은 추정치가 아닌 사실이 되어가고 있었다.

언론에서 반려동물 산업을 소개할 때도 사용됐고 정치인이 동물 관련 법·제도를 만들 때도 인용됐다. "반려인이 600만 가구 1,500만 명에 이르는데 현행법은 ……." 이런 식으로 말이다. 반려동물 스타트업의 IR 자료에는 '600만 가구 1,500만 반려인'이 마치 공식처럼 실렸다.

그런데 통계청이 나서면서 '600만 1,500만 반려인'이 거품이었다는 게 확인됐다. 반려동물 관련 통계자료가 발표될 때마다 "정확한 통계를 알려면 5년에 한 번 진행되는 인구주택총조사 때 반려동물을 함께 조사해야 한다."라는 전문가들의 의견이 많았다. 1천 명, 2천 명, 5천 명을 대상으로 하는 조사는 아무래도 한계가 있기 때문이다. 이런 의견이 설득력을 얻으면서 '2020 인구주택총조사'에 반려동물 가구 수 조사가 포함됐다. 역사상 처음이었다.

많은 사람이 인구주택총조사 결과가 나오면 '600만 가구 1,500만 반려인'이라는 수치가 더욱 신뢰를 얻게 될 것으로 전망

반려동물과 함께하다

했다. 일각에서는 "기존 조사에서 빠진 반려인까지 파악되면 반려인 숫자가 1,500만 명보다 더 늘어날 것"이라고 기대했다.

그러나 결과는 '반토막'이었다. 2020 인구주택총조사의 표본조사 결과 반려동물을 키우는 가구는 312만 9천 가구로 나타났다. 인구주택총조사 결과가 잘못된 게 아니냐는 의견도 나왔지만 그럴 리 없었다. 표본조사는 국내 가구의 약 20%를 조사원이 만나는 방식으로 진행된다. 현장조사에 동원된 조사 요원만 2만 7천 명이다. 1천~5천 명을 대상으로 설문 조사한 것과 비교할 수 없을 정도로 표본이 크다. 기존 조사 결과와 차이가 커서 의문이라는 국회의원의 지적에 통계청장이 직접 "농식품부가 실시하는 동물보호 국민의식조사는 신뢰성 문제 때문에 미승인된 통계다. 통계청 수치가 신뢰성이 있다고 감히 말씀드린다."라고 답하는 일까지 있었다.

인구주택총조사에서 반려가구가 반토막 나자 농식품부도 꼬리를 내렸다. 2021년 동물보호 국민의식조사 결과를 발표하며 매년 공개하던 '반려동물 양육 가구'를 미공개한 것이다. 조사가 시작된 2006년 이후로 반려동물 양육 가구 비율이 공개되지 않은 건 처음이었다. 농식품부는 반려동물 양육 가구 비율을 조사했으나 통계청 자료가 발표된 점을 고려해 비율을 공개하지 않았다. 사실상 통계청 자료가 맞다는 걸 인정한 셈이다.

양육 가구에 대한 정확한 통계가 나오자 반려동물 관련 다른 추정치도 바뀌었다. 시장조사 기관 유로모니터는 그동안 건강한 펫푸드 시장 성장을 위해 '전문사료 급여율'을 높여야 한다고 설명해왔다.

전문사료 급여율이 90%가 넘는 일본과 달리 국내 반려견 전문사료 급여율 추정치가 50%에 머물렀기 때문이다. 여전히 사료 대신 먹다 남은 사람 음식을 주거나, 유기견·길고양이들이 쓰레기통을 뒤져서 먹이를 구하는 경우가 많은 것으로 해석했었다.

하지만, 반토막 난 새로운 반려동물 양육 가구 통계를 적용하자 결과가 달라졌다. 2021년 기준 국내 반려견의 전문사료 급여율은 71%로 일본(92%)보다는 낮지만, 영국(60%), 호주(46%), 뉴질랜드(35%)보다 높고, 미국(76%)과 비슷한 수준으로 나타났다.

고양이의 경우는 전문사료 급여율이 160%로 추정됐는데, 이는 길고양이에게 급여되는 사료까지 계산됐기 때문이다. 전문사료 급여율은 국내에 유통된 개 사료·고양이 사료의 전체 양을 반려견 수·반려묘 수와 평균 섭취량으로 나눠 추정한다. 유로모니터 측은 "통계청의 새로운 반려동물 양육 가구 자료를 반영했더니 사료 급여율이 안정화 단계에 들어선 것으로 나타났다."라고 설명했다.

개·고양이 마리당 사료·용품 지출액도 연평균 50만 원대로 상승했다. 과거 20~30만 원 전후로 조사되던 결과와 달리 납득할 수 있는 결과가 나온 것이다. 정확한 통계가 이만큼 중요하다.

개인적으로도 '반려인이 1,500만 명 이상인 것 치고는 반려동

반려동물과 함께하다

물 시장이 그다지 크지 않은 것 같다'는 생각을 늘 갖고 있었는데 통계청 자료를 보고 어느정도 이해가 됐다.

반려동물 시장 발전 위해
정확한 통계 필수

그렇다면 이런 오류가 발생한 것은 어째서일까? 표본 크기 차이가 일차적인 원인으로 생각되지만 제대로 된 통계라면 표본이 크든 작든 모집단의 특성을 제대로 반영해야 한다. 이 정도로 큰 차이가 났다는 건 기존 설문 조사의 표본집단이 모집단의 특성을 충분히 반영하지 못했다는 것을 뜻한다. 즉, 기존 조사에서 실제보다 반려동물을 키우는 사람이 조사대상에 더 많은 비율로 포함됐었다는 것이다.

600만은커녕 300만이 조금 넘는 결과가 나오자 반려동물 업계는 충격에 빠졌다. "그동안의 조사가 과대평가되어 있었다."라는 자성의 목소리도 나왔다.

한편으로 잘 됐다는 생각도 든다. 시장에 대한 거품이 꺼지면서 진정성 없는 플레이어들이 줄어들 것 같기 때문이다. 그동안 반려동물 시장은 '불황에도 끄떡없는 블루오션'처럼 평가 받아 왔다. "반려동물 시장이 뜬다, 앞으로는 동물이 대세다."라는 얘기가 너무 많다 보니 대기업, 중소기업, 스타트업 모두가 너 나 할 것 없

반려동물도 출생신고가 필요하다

이 반려동물 산업에 뛰어들었다. 통계청 발표가 난 지금도 그러하다. 그러나 실제 시장에 들어와 보면 밖에서 바라본 것만큼 시장이 크지 않다는 사실을 깨닫게 된다. 그리고는 다른 곳에 가서 "야, 반려동물 시장 별거 없어. 내가 해봤는데 별로야."라는 식으로 이야기한다. 거품 낀 통계와 전망이 만들어낸 부작용이다.

'2020년까지 반려동물 시장이 6조 원으로 성장한다'는 한 연구소의 전망 때문에 수많은 업체가 장밋빛 기대를 갖고 반려동물 시장에 마구잡이로 뛰어들었던 적이 있다. 2013년에 발표된 보고서인데, 해당 연구소가 2014년에 문을 닫는 바람에 보고서가 업데이트되지 못했고 '2020년까지 6조 원'이라는 문구 하나에 속아서 시장에 큰 혼란을 일으켰다. 전망과 달리 국내 반려동물 시장은 2020년에 3.5조 원 규모로 성장하는 데 그쳤고 2027년에야 6조 원에 이를 것으로 추정된다(한국농촌경제연구원, 2018년).

'반려동물 양육 가구 반토막 사건'과 '2020년까지 6조 원 사건'을 보면서 정확한 통계가 얼마나 중요한지 깨닫게 된다. 그런데 아쉽게도 현재 국내 반려동물 시장에는 이렇다 할 통계가 없다. 인구주택총조사에서도 반려동물 양육 여부만 물었을 뿐, 양육 두수는 파악하지 않았다. 반려동물 시장에 진정성 있는 플레이어가 늘어날 수 있도록 보다 정확한 통계가 필요하다. 2025년 인구주택총조사 때는 반려동물과 관련된 더 많은 조사가 진행되길 기대한다.

반려동물과 함께하다

동물병원 진료비에 대한
오해

동물병원 진료비에 대한
두 가지 불만

"동물병원비 너무 비싸다.", "비싼 동물 진료비 때문에 유기동물이 발생한다."라는 말을 종종 듣는다. 그렇다면 우리나라 동물병원 진료비는 과연 비쌀까? 결론부터 말하면 그렇지 않다. 우리나라 동물병원 진료비는 싸다. 사람 진료비보다 싸고 외국 동물병원보다 싸다.

그러나 아무리 여러 가지 근거를 대며 논리적으로 설명해도 진료비에 대한 글을 쓰면 "수의사는 돈팔이에 날강도", "사람 병원보다 비싸다.", "뭐라는 거야, 비싸다니까?"라는 반응이 돌아온다. 하지만 원인에 대한 정확한 파악 없이는 근본적인 문제 해결도 불가능하기에 다시 한번 최선을 다해 설명해 보려 한다.

동물병원 진료비에 대한 불만은 크게 2가지다. '비싸다' 그리고 '진료비가 병원마다 다르다'는 것이다.

동물병원 진료비가
비싸다고 생각되는 까닭

첫 번째부터 설명하면 우리나라 동물병원 진료비는 비싼 게 아니라 싸다. 싸도 꽤 많이 싸다. 비싸다/싸다는 말은 상대적인 표현이다. 동물 진료비는 무엇과 비교해서 비싸다고 하는 것일까. 아마 사람 진료비일 것이다. 사람이 내과에 가서 진료를 받고 약국가서 약을 짓는데 1만 원밖에 안 드는 데 비해 동물병원에 가면 최소 몇 만 원이 나오니 '비싸다'고 느껴진다.

그런데 과연 내가 낸 1만 원이 전체 진료비와 약값일까? 전혀 아니다. 우리는 전체 금액 중 일부만 낸다. 왜? 전 세계에서 가장 잘 갖춰진 건강보험제도가 있으니까. 전 국민이 자신의 소득에 따라 매달 건강보험료를 낸다. 심지어 회사원은 회사에서 절반을 더 내준다. 회사원 홍길동 씨가 20만 원의 보험료를 제외하고 월급을 받는다면 실제 홍길동 씨는 매달 40만 원씩 보험료를 내는 것이다. 회사에서 20만 원을 추가로 내주기 때문이다. 결국 홍길동 씨는 1년에 병원·약국에 단 한 번도 가지 않더라도 이미

의료비로 480만 원을 썼다. 하지만 동물병원 진료비에 1년 동안 480만 원을 쓰는 사람이 과연 몇 퍼센트나 될까?

이처럼 전 국민이 모두 보험료를 내기 때문에 내가 아플 때 진료비의 일부(본인부담금)만 내고 의료서비스 혜택을 받을 수 있는 것이다. 그렇다면 본인부담률은 전체 진료비의 몇 퍼센트일까? 진료항목에 따라 다르지만 평균 15% 수준이다. 암과 같은 중증질환은 5%다. 이렇게 전체 비용의 일부만 내면서 당장 내 주머니에서 나간 1만 원이 전체 진료비라고 생각한다면 큰 착각이다. 약값도 마찬가지다. 일부 금액만 내고 약을 탄다. 게다가 본인부담금조차 사보험에서 환급받는 경우도 많다. 실손보험 1~2개쯤은 다들 있지 않은가?

사람 진료비와 동물 진료비를 정확하게 비교하고 싶다면 사람 병원에 가서 받아온 영수증을 펼쳐보자. 급여, 비급여라고 적혀 있고, 급여 항목은 다시 '일부 본인부담', '전액 본인부담(③)'으로 나뉘며 '일부 본인부담'은 다시 '본인부담금(①)'과 '공단부담금(②)'으로 분류된다. 비급여는 '선택진료료(④)'와 '선택진료료 외(⑤)'로 나뉜다. 참고로 급여는 건강보험 적용이 되는 진료항목, 비급여는 건강보험 적용이 되지 않는 진료항목을 뜻한다. 건강보험제도가 없는 동물 진료비는 사실상 모든 진료항목이 비급여인 셈이다. 진료비 총액은 ①+②+③+④+⑤다. 내 주머니에서 나간 1만 원이 아니다.

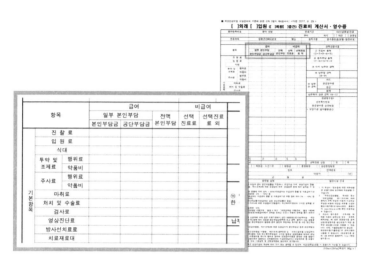

항목	급여				비급여	
	일부 본인부담		전액	선택	선택진료	
	본인부담금	공단부담금	본인부담	진료료	료 외	
진 찰 료						
입 원 료						
식대						
투약 및 조제료 / 행위료						
투약 및 조제료 / 약품비						
주사료 / 행위료						
주사료 / 약품비						
마취료						
처치 및 수술료						
검사료						
영상진단료						
방사선치료료						
치료재료대						

사람 의료비 영수증 사진

　이제 같은 진료항목에 대해 사람 진료비(①~⑤를 합친 금액)와 동물 진료비를 비교해보자. 사람의 자궁적출술과 암컷 반려견의 중성화수술을 비교하는 식이다. 모든 진료항목에서 사람 진료비가 동물 진료비보다 비싸다는 걸 알 수 있을 것이다. 단 한 개도 사람 진료비가 싼 항목이 없다. 결국 '동물 진료비'는 '사람 진료비'보다 싸다. 다만, 건강보험제도가 없어서 본인부담률이 100%이기 때문에 사람보다 비싸게 느껴질 뿐이다.

　심지어 우리나라 동물 진료비는 다른 나라보다도 싸다. 선진국은 물론 개발도상국보다도 싼 편이다. 미국, 독일과 비교했을 때 한국의 동물병원 비용이 오히려 저렴한 편이라는 게 정부의 연구용역에서 확인됐다('반려동물 산업 활성화를 위한 소비자 진료비부담 완화 방안연구 보고서' 2017.12 농림축산식품부).

연구진은 예방접종, 피부질환 진단, 임상병리검사, 영상진단검사, 주사처치 등 22개 항목을 두고, 국내 19개 동물병원의 평균가격과 미국동물병원협회 진료비 통계자료(Veterinary Fee Reference), 독일 수가제도(GOT)의 상대가격수준(Comparative Price Level)을 비교했다. 또한 2018년 8월, 한국동물병원협회가 대만, 중국, 일본, 싱가포르, 말레이시아, 태국, 스리랑카 동물병원과 반려견 종합백신(DHPPL), 제왕절개수술, 슬개골탈구수술, 중성화수술 가격을 비교한 결과, 우리나라가 더 저렴하거나 비슷한 수준으로 밝혀졌다.

동물병원마다 진료비가
다른 이유

두 번째 '동물병원마다 다른 진료비'는 왜 그런 것일까? 사실 예전에는 동물병원 표준수가가 있었다.

'동물병원 진료보수기준'은 1974년 12월 26일 수의사법이 개정되면서 도입됐다. 그런데 1999년 2월 5일 '독점규제 및 공정거래에 관한 법률 적용이 제외되는 부당한 공동행위 등의 정비에 관한 법률(일명 카르텔일괄정리법)' 개정에 따라 폐지됐다. 수의사의 진료보수기준 뿐만 아니라, 변호사, 법무사, 공인회계사, 관세사 등 9개 전문자격의 보수와 수수료가 자유화됐다. 자율경쟁을 통해 서비스의 질을 높이고 소비자의 선택권을 넓힌다는 취지였다. 이 때문에 동물병원들이 진료비를 똑같이 받으면 오히려 처벌 받는다.

2009년, 부산시수의사회가 '예방접종비를 통일하기 위해' 반려동물 백신접종비 가이드라인을 마련했다가 공정거래위원회로부터 '담합'이라며 과징금 3천만 원을 부과받은 사례가 대표적이다. 수의사 입장에서는 진료비를 똑같이 맞추고 싶어도 맞출 수 없는 상황인 것이다.

가격을 맞추면 '담합'이라는 것을 떠나서 생각해봐도, 동물병원마다 진료비가 다른 것은 당연한 이치다. 다른 서비스와 비교해보자. 연예인들이 가는 강남의 고급 미용실과 저가 미용실의 '커트' 가격은 어떨까? 다르다. 그것도 많이 다르다. 미용사의 실력 차이도 있고, 임대료, 시설 투자금액, 인건비도 차이가 있으며, 샴푸 같은 물품의 원가가 모두 다를 테니 말이다. 저가 미용실을 갈 것인지, 아니면 돈을 더 주고 강남의 고급 미용실을 갈 것인지는 온전히 소비자의 선택이자 자유다. "고급 미용실과 저가 미용실의 커트 가격이 왜 달라요? 똑같이 머리를 자르는 건데 가격이 같아야죠."라고 주장하는 사람이 있다면 이상하게 보

반려동물과 함께하다

이지 않을까?

　마찬가지다. 동물병원은 국가의 공적자금이 투입되지 않는 개인 사업이다. 동물병원마다 수의사의 실력과 수준이 다르고, 사용하는 장비, 투자한 금액도 차이가 있으며, 병원의 규모와 위치에 따라 임대료, 인건비가 모두 다르다. 동물병원 진료비가 똑같은 상황 자체가 말이 되지 않는 것이다. 성형수술 등 비급여 항목 의료서비스를 생각해보면 이해가 빠를 것이다. 쌍커풀수술도 성형외과마다 가격이 다르다.

반려동물 진료비부담 낮추는 방안

동물병원 진료비가 사람 진료비보다 싸고 해외 동물 진료비보다 싼 건 맞지만 그래도 보호자들이 부담을 느끼는 건 부정할 수 없는 사실이다. 솔직히 수의사인 나도 동물 진료비가 부담스럽다. 동물병원을 운영하지 않기 때문에 선배 동물병원을 이용하는데, 얼마 전에 반려묘가 똥오줌을 잘 못 싸고 힘들어하는 것 같아서 동물병원에 갔다. 엑스레이를 찍고 초음파 검사를 받고 수액을 맞았는데 16만 원이 나왔다. 후배라서 할인해 준 금액일지도 모른다. 그럼에도 부담스러운 액수였다.

　한국소비자연맹의 '동물병원 진료비에 대한 소비자 경험 조사'

결과에 따르면 반려동물 진료비에 부담을 느끼는 보호자가 10명 중 무려 8명(80.7%)이었다. 그렇다면 어떤 대안이 있을까?

사람처럼 동물건강보험을 도입하면 될까? 개인적으로 쉽지 않다고 본다. 반려동물 보호자에게 '동물이 아파서 병원에 갈 때 진료비부담을 낮춰 줄 테니 매달 소득에 따라서 동물건강보험료를 내라'고 한다면 어떨까? 찬성하는 분도 있겠지만 "건강보험료도 아까운데 무슨 동물보험비냐."라며 반대하는 목소리도 클 것이다. 사회적 합의가 어렵다.

정부가 예방접종, 중성화수술, 건강검진 등 반려동물의 기본적인 동물의료비용을 지원하는 방법도 있다(일부 지자체에서는 저소득층을 대상으로 이미 시행 중이다). 하지만 전체 동물을 대상으로 지원을 확대한다고 하면 "왜 내가 낸 세금을 부자가 키우는 동물 예방접종에 쓰냐."라는 불만이 쏟아질 것이다(반려견 놀이터 설치도 반대하는 민원이 꽤 많다).

가장 쉬우면서도 직접적으로 보호자의 부담을 낮출 수 있는 방안은 반려동물 진료비 부가세 폐지다.

동물 진료용역은 원래 부가가치세 면세 대상이었으나 2011년 7월 1일부터 일부 진료용역을 제외한 대부분의 동물진료에 10% 부가가치세가 과세되고 있다. 당연히 보호자들의 부담은 증가했다. 세수확보를 위해서 도입된 제도임에도 불구하고 동물진료 부가세 수입은 그다지 크지 않다. 유기동물 처리에 대한 사회적 비용과 동물 진료비 부가가치세 수입을 비교한 결과 큰 차이가 없었다(윤호중 의원실).

반려동물 신료비 부가세를 폐지하려는 시도는 여러 차례 있었다. 18대 국회, 19대 국회, 20대 국회에서 연이어 동물 진료비 부가세 폐지 법안이 발의됐으나 통과되지 않았다. 대선, 총선 등 큰 선거가 있을 때마다 주요 후보가 부가세 폐지를 공약했으나 '공(空)'약에 그치고 말았다.

부가세는 물건을 구입할 때 붙는 세금이다. 그런 세금을 반려동물 진료에 부과한다는 것은 정부가 반려동물을 어떻게 바라보는지 잘 알 수 있는 대목이다. 동물의 법적 지위가 '물건'에서 '생명'으로 바뀌어 가는 시점에 반려동물 진료에 부가세를 부과하는 게 과연 올바른가? 동물 진료비 부가가치세를 폐지해 보호자의 진료비부담을 낮추고 동물이 적절한 의료서비스를 받도록 할 필요가 있다.

보호자의 진료비부담을 직접 낮출 수 있는 또 하나의 방법이 있다. 바로 반려동물 의료비를 소득공제 항목에 추가하는 것이다. 2022년 1월 조세특례제한법 개정안이 발의됐는데 전통시장·대중교통·도서·공연·박물관·미술관과 함께 동물병원 반려동물 의료비 지출분을 소득공제 항목에 포함하는 내용을 담고 있다. 현재 신용카드, 현금영수증, 직불카드에 대한 소득공제한도에 더해 전통시장 이용액, 대중교통 이용액, 도서·공연·박물관·미술관 사용액에 각 100만 원의 추가 소득공제한도가 주어지는데, 여기에 반려동물 의료비를 소득공제 항목으로 추가해서 의료비 지출분의 30%에 대해 소득공제를 적용하는 내용이다.

사람의료비의 경우 근로자 총급여의 3%를 초과하는 지출에 대해서는 15%의 세액공제가 주어진다. 기본공제 한도도 700만 원이며, 65세 이상의 부양가족이나 근로자 본인에 대한 지출에는 공제 한도도 적용되지 않는다. 이처럼 동물의료비 소득공제액을 사람의료비 공제와 비교하면 무척 적은 금액이지만 그래도 이 법안이 통과되어 반려동물 보호자들의 진료비부담이 조금이나마 줄어들기를 기대해 본다.

그 외에 또 다른 대안으로 반려동물 보험이 있다. 3~4년 전만 해도 펫보험을 판매하는 회사가 3개뿐이었지만, 지금은 10개 보험회사가 반려동물 상품을 다룬다. 선택의 폭이 크게 넓어진 것이다. 슬개골탈구수술까지 보장되는 상품도 있다. 따라서 동물 진료비가 부담된다면 펫보험을 찾아보고 가입하길 추천한다.

만약 마음에 드는 보험 상품이 없다면 적금을 들 수 있다. 매달 일정 금액을 '반려동물을 위해' 모으면 갑자기 큰 진료비가 발생했을 때 부담을 줄일 수 있다.

반려동물과 함께하다

무엇보다 중요한
반려동물 정기건강검진

신료비부담을 줄일 수 있는 또 다른 방법(근복적인 방법)은 '정기
건강검진'을 통한 질병의 조기진단이다.

2021년 동물보호국민의식조사에 따르면 반려견 1마리당 월평
균 양육 비용(병원비 포함)은 약 15만 원이고, 그중 동물병원비는
5만 2천 원으로 1/3수준이었다. 월평균 5만 원 정도를 동물병원
비로 지출하면서 "수의사는 돌팔이에 날강도"라고 비판하는 반
려인은 많지 않을 것이다. 그럼에도 많은 수의사들이 "날강도"
소리를 듣는 것은 디스크, 슬개골탈구 등 큰 질병이 생겼을 때
들어가는 비용이 크기 때문일 것이다.

2021년 동물보호국민의식조사 반려동물 마리당 평균 양육비용 그래프

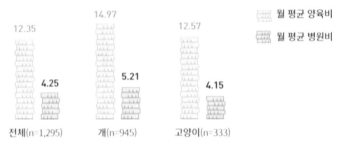

만약 반려동물도 사람처럼 정기 건강검진을 한다면 큰 질병을 예방할 수 있어 진료비부담을 줄일 수 있다. 반려동물의 정기 건강검진은 사람보다도 더 중요하다. 그 이유는 다음과 같다.

첫째, 반려동물의 수명은 사람보다 짧다. 반려동물의 평균 수명은 사람보다 훨씬 짧은 15년에 불과하다. 그런데 15년이라는 짧은 시간 동안 사람이 평생(70~80년) 걸릴 수 있는 모든 질병이 반려동물에게도 생길 수 있다. 질병의 진행속도나 발병 시점이 사람보다 훨씬 빠른 것이다.

둘째, 반려동물은 말을 하지 못하고 통증을 잘 참는다. "배가 아파요. 동물병원에 데려가 주세요."라고 말하지 않는다. 게다가 '야생 본능'이 남아있어서 사람보다 훨씬 더 통증을 잘 참고 티내지 않는다(야생에서는 아픈 티를 내면 바로 포식자의 사냥 표적이 되어버릴 수 있기 때문). 이러한 이유로 동물이 특정 증상을 보여 병원에 갔을 때는 이미 질병이 한창 진행된 경우가 많아 늘 안타깝다.

셋째, 건강할 때의 검사 수치가 중요하다. 반려동물은 자신의 증상을 수의사에게 설명할 수 없다. 따라서 정확한 진단을 위해 어쩔 수 없이 사람보다 더 많은 검사가 필요하다. 만약 이때 평상시의 건강검진 결과가 있으면 큰 도움이 된다. 반려동물이 아프면 여러 가지 검사 수치가 변하는데 건강할 때와 수치를 비교하면 반려동물의 상태를 훨씬 더 정확하게 파악할 수 있다.

동물에게 1년은 사람의 6년 정도에 해당한다. 1년에 한 번 건강검진을 해줘도 사람으로 치면 6년에 한 번 검진을 받는 꼴이다. 부족하다. 따라서 적어도 1년에 한 번은 반려동물의 건강검진을 해주고, 7살이 넘어가면 6개월에 한 번씩은 검진 해주는 것을 권장한다.

지자체의
반려동물 기초의료 지원사업

질병의 조기진단만큼 중요한 것이 질병의 '예방'이다. 질병이 발생하지 않으면 동물도 좋고, 보호자의 진료비부담도 줄어든다. 그리고 질병의 예방을 위해서는 기초의료가 중요하다. 전염병 감염을 막아주는 예방접종을 비롯해 심장사상충 등 기생충 감염을 예방해주는 구충, 주요 생식기 질병을 예방하고 성호르몬에 의한 행동문제를 막아주는 중성화수술 등이 대표적인 반려동물 기초의료에 해당한다.

이미 여러 지자체가 취약계층의 반려동물을 위한 기초의료 지원사업을 하고 있다. 취약계층 반려인이 느끼는 경제적 부담을 완화하고 큰 질병을 예방함으로써 '더 큰 미래 지출'을 줄일 수 있기 때문이다.

서울시는 동물 기초의료 지원은 물론, 펫티켓 교육, 행동교육 같은 동물돌봄을 지원하고 있다. '우리동네 동물병원'이라는 사업인데 기초 건강검진, 필수 예방접종, 심장사상충예방약, 중성화수술, 동물등록 등 동물 필수진료를 지원해 부담을 줄이고 반려동물의 복지를 강화함으로써 취약계층 복지까지 높이는 오세훈 시장의 공약 사업이다. 2021년 처음 사업을 시작해 취약계층 반려동물 총 291마리를 지원한 서울시는 2022년 사업 참여 17개 구와 협력해 '우리동네 동물병원'을 40개에서 58개소로 확대했다. 기존 필수진료에 더해 20만 원 이내에서 검진 중 발견된 질병 치료비와 중성화수술비까지 추가 지원하며, 지원 규모도 가구당 1마리에서 2마리로 범위를 넓혔다(최대 1,500마리).

경기도는 저소득층, 1인 가구 등 사회적 배려계층을 대상으로 '돌봄 취약 가구 반려동물 의료서비스 지원사업'을 펼치고 있다. 사회적 배려계층이 기르는 반려견·반려묘의 의료와 돌봄에 필요한 비용 일부(약 16만 원)를 지원하는 내용이다. 예방접종, 중성화수술, 검진·치료·수술 등에 사용할 수 있다.

경상남도 역시 기초생활수급자와 차상위계층을 대상으로 '반려동물 진료비 지원사업'을 펼치고 있는데, 예방접종, 동물등록, 기초진료 등에 사용할 수 있도록 18만 원을 지원한다. 대전광역시도 2022년부터 중증장애인, 기초생활수급자, 차상위계층 등 사회적 약자에게 반려동물 의료비를 최대 20만 원까지 지원하며, 부산과 광주도 사회적 약자 반려동물 진료비 지원 조례를 마련했다.

일부 지자체가 사회적 배려계층을 대상으로 시행 중인 '(반려동물 기초의료) 진료비 지원사업'이 전국으로 확대된다면, 전체 반려인의 부담을 줄이고 반려동물의 복지와 삶의 질 향상에 크게 기여할 것으로 생각한다. 건강은 '복지'와 '삶의 질'의 기본 조건이기 때문이다. 반려동물 기초의료 지원에 중앙정부가 나서길 바란다.

의미 있는 움직임도 있다. 조정훈 시대전환당 국회의원이 2021년 8월 '반려동물진료보험법 제정안'을 대표발의한 것이다. 조정훈 의원은 2021년 4.7 서울시장 보궐선거에 출마하며 서울형 동물보건소 설립과 동물진료 표준화 정책과 연계한 반려동물 의료보험 제도를 공약했다. 반려동물 보호자들의 의료비부담을 낮추기 위함이었다. 조 의원은 다른 후보와 단일화한 뒤에도 반려동물 의료비 관련 공약을 계속 발전시켜나갔다. 이 과정에서 수개월에 걸쳐 동물보호단체, 수의사회, 손해보험협회 관계자들을 만나고 지속해서 회의를 진행했다. 개인적으로 여러 차례 관련 회의에 참여했었는데, '동물 진료비'라는 첨예한 주제를 놓고 사회적 합의를 끌어내기 위해 노력했던 조정훈 의원의 모습이 인상 깊었다.

조정훈 의원은 수많은 논의 끝에 보호자의 진료비부담을 줄이는 방법으로 '보험'을 택했다. 사람의 건강보험 같은 공적보험이 아니라 사보험인 펫보험 활성화에 초점을 맞췄다.

조 의원이 발의한 '반려동물진료보험법'은 예방접종 등 기초의료항목을 포함한 반려동물진료보험을 법적으로 정의하고 보험료 일부를 정부가 부담하는 형태를 갖췄다. 정부가 심의하는 반려동물진료보험을 만들고 여기에 가입한 보호자가 내야 할 보험료의 일부를 정부가 지원하는 내용이다.

물론 이 법안의 통과 가능성은 낮아 보인다. 법안을 발의한 조의원이 이 법을 논의할 상임위원회 소속이 아닐뿐더러, 정부가 세금으로 펫보험사를 지원하는 것에 대한 사회적 합의가 쉽지 않을 것 같기 때문이다.

법안이 통과 되지 않더라도, 서울시장 보궐선거 때 공약을 잊지 않고 보완해 법률 제정안을 대표발의하고, 법안 발의 전 이해관계자들의 합의를 끌어내기 위해 노력한 점을 높이 평가하고 싶다. 또한, 이 법안 발의가 반려동물 기초의료 보장의 중요성을 널리 알리는 계기가 되길 기대해 본다.

수의사법 개정안 국회 통과, 과연 핑크빛일까?

2022년 1월 반려동물 보호자들이 반길 법안이 통과됐다. 동물진료비 게시, 예상진료비 사전고지, 진료비 공시 등의 내용을 담은 수의사법 개정안이 국회를 통과하고 공포된 것이다.

진료비 게시, 사전고지, 공시 등 단어가 복잡한데, 진료비 게시는 말 그대로 진료비를 미리 게시해놓고 그 이상으로 받으면 안 되는 것을 뜻하고, 사전고지는 중요한 진료 전에 예상되는 진료비를 보호자에게 사전 설명하고 동의를 받은 뒤 진행해야 하는 것을 뜻한다. 진료비 공시는 정부가 각 동물병원이 게시한 진료비를 조사·분석해서 공개하는 내용이다.

법안의 주요 내용과 시행 시점을 자세히 살펴보자.

① 중대진료에 대한 사전 설명 및 서면 동의 의무화

- 주요 내용: 수의사는 수술 등 중대진료를 하기 전 진단명, 진료의 필요성, 후유증 또는 부작용, 소유자 준수 사항을 설명하고, 서면 동의를 받아야 함.
- 중대진료 행위: 전신마취를 동반한 내부장기·뼈·관절에 대한 수술, 전신마취를 동반한 수혈.
- 시행일: 공포 후 6개월(2022년 7월 5일).
- 위반 시 처벌: 100만 원 이하 과태료.

② 중대진료의 예상진료비 고지 의무화

- 주요 내용: 동물병원 개설자는 수술·수혈 등 중대진료를 하기 전, 예상되는 진료비용을 동물 소유자 등에게 고지해야 함.
- 중대진료 행위: 전신마취를 동반한 내부장기·뼈·관절에 대한 수술, 전신마취를 동반한 수혈.
- 시행일: 공포 후 1년(2023년 1월 5일).

- 위반 시 처벌: 100만 원 이하 과태료(공포 후 2년 뒤부터 과태료 부과, 2024년 1월 5일).
- 예외 사항: 수술 등 중대진료가 지체되면 동물의 생명 또는 신체에 중대한 장애를 가져올 우려가 있거나 진료 과정에서 진료비가 추가되는 경우 진료 후에 진료비를 변경 고지 가능.

③ 진료비 게시 의무화

- 주요 내용: 동물병원 개설자는 주요 동물진료업 행위에 대한 진료비용을 게시하고 게시한 금액을 초과하여 진료비를 받을 수 없음.

- 주요 동물진료업 행위:
  초진·재진 진찰료, 진찰에 대한 상담료, 입원비, 개·고양이 종합백신, 광견병백신, 켄넬코프백신, 인플루엔자백신의 접종비, 전혈구 검사비와 그 판독료, 엑스선 촬영비와 그 판독료.

- 진료비 게시 방법:
  동물병원 내부 접수창구 또는 진료실 등 동물소유자 등이 알아보기 쉬운 장소에 책자나 인쇄물을 비치하거나 벽보 등을 부착하거나, 인터넷 홈페이지에 게시(인터넷 홈페이지의 초기화면에 게시하거나 배너를 이용하는 경우에는 진료비용을 게시하는 화면으로 직접 연결되도록 해야 함).

- 시행일: 수의사가 2명 이상인 동물병원(공포 후 1년, 2023년 1월 5일).
  수의사가 1명인 동물병원(공포 후 2년, 2024년 1월 5일).
  ※ 1인 동물병원이 2023년 1월 5일~2024년 1월 4일 사이에 수의사를 채용해서 2인 이상 동물병원이 되면 그날부터 진료비 게시 시행.

- 위반 시 처벌: 시정명령 부과. 시정명령 불이행 시 1년 이내 영업정지, 100만 원 이하 과태료.

④ **정부의 진료비 조사·분석 및 공개**

- 주요 내용: 농림축산식품부는 동물병원 개설자가 게시한 진료비용을 조사·분석해서 그 결과를 공개해야 함.

- 조사방법: 동물병원에 자료 제출 요구, 전문기간 또는 단체에 조사분석 업무 위탁 가능.

- 시행일: 공포 후 1년(2023년 1월 5일).

- 위반 시 처벌: 동물병원이 정당한 사유 없이 진료비 자료 제출 거부, 100만 원 이하 과태료.

수의사법의 내용을 보면 굉장히 좋아 보인다. 동물병원 진료비를 사전에 알 수 있고, 병원별로 비교도 할 수 있을 테니 말이다. 농림축산식품부도 수의사법 개정을 소개하며 "동물병원 이용자의 알 권리와 진료 선택권이 보장될 것"이라고 밝혔다.

그렇다면 이번 법안은 아무런 문제 없이 모두에게 좋은 법안일까? 정말 동물병원 이용자(보호자)의 진료 선택권이 잘 보장될까? 그렇지 않다. 법안 통과 과정을 살펴보면 엄청난 문제를 확인할 수 있다. 오히려 보호자들에게 혼란을 줄 수 있는 법안이 충분한 논의과정을 거치지 못한 채 날림으로 통과되고 말았다.

반려동물 치료 위한
진료항목 표준화 절실

보호자들의 알 권리를 위해 가격 정보가 어느 정도 공개될 필요
성이 있다. 문제는 가격 정보를 공개하기 위한 '전제 조건'이 갖
춰지지 않았다는 점이다. 사람의 경우 의료보험이 있고 모든 급
여항목에 나라에서 정한 '코드'가 있다. 그러므로 의사가 달라도
같은 진료에 대해 똑같은 코드를 이용한다. 건강보험공단에 공
단지급액을 청구해야 하기 때문이다. 이런 것을 '진료항목이 표
준화되어 있다'고 말한다(사실 더 복잡한 개념이지만 이해를 돕기 위해
이 정도로 설명하는 점을 양해 바란다).

　반면 동물진료는 진료항목 표준화가 되어있지 않다. 수의사끼
리 똑같이 사용하는 진료코드가 없다. 같은 전자차트를 쓰더라
도 동물병원마다 (동일한 질병을) 다르게 기록하고 심지어 같은 병
원이라도 수의사마다 각자 방식대로 차트를 입력한다. 애초에
동물건강보험이 없기 때문에 진료항목을 통일화하고 진료코드
를 만들 필요가 없다. 이렇게 진료항목이 표준화되어 있지 않은
상황에서 진료비 게시, 사전고지를 하면 오히려 보호자에게 잘
못된 정보를 전달하고 큰 혼란이 발생할 수 있다.

　중성화수술 비용을 게시해야 하는 상황을 예로 들면, A수의사
가 생각하는 중성화수술과 B수의사가 생각하는 중성화수술이 다
를 수 있다. 어떤 마취제와 마취방법을 사용하는지, 어떤 의료

기기와 수술 방법을 사용하는지에 따라 암컷 중성화수술 방법과 수준이 크게 달라진다(주사마취를 하고 수의사 혼자 개복수술하는 곳과 전문 스텝이 호흡마취를 컨트롤 하며 복강경으로 수술하는 상황이 같을 수는 없지 않은가?). 이 부분을 차치하더라도 A수의사는 중성화수술비를 '수술비'만 생각하고, B수의사는 '마취 전 검사비+마취비+수술비+수술 후 처치/입원비'까지 생각할 수 있다. 그럼 게시된 금액은 A동물병원이 저렴하지만 실제 보호자가 부담하는 전체 비용은 B동물병원이 더 저렴한 상황이 벌어질 수 있다. 진료비 게시가 보호자에게 오히려 잘못된 정보를 제공하는 것이다.

이런 혼란과 부작용을 예방하기 위해서는 먼저 '진료항목 표준화'가 필요하다. 만약 흉부엑스레이 코드가 A01, 기본 혈액검사(간, 신장 등) 코드가 B01, 호흡마취 코드가 C01, 개복을 통한 자궁난소절제술 코드가 D01이라고 해보자. '진료비 게시를 해야 하는 암컷 중성화수술비는 A01+B01+C01+D01 비용을 뜻한다'고 정하면 진료비 게시에 따른 혼란이 없다.

'예방접종, 구충 등은 코드 없이도 바로 시행할 수 있지 않냐'고 지적할 수 있지만 같은 질병에 대한 예방접종이라 하더라도 수입/국산에 따라, 제조사에 따라, 주사 방식에 따라 원가가 다 다르다. 구충의 경우도 마찬가지다. 심장사상충 예방약만 해도 수입/국산, 제조사에 따라 원가가 다 다를뿐더러 먹이는 약, 바르는 약, 주사약 등 형태도 다양하다. 이런 부분에 대한 정리 없이 가격만 게시하면 과연 정확한 정보라고 볼 수 있을까?

　정부(농림축산식품부)도 동물 진료비 게시, 사전고지를 하기 전에 진료항목 표준화가 필요하다는 점을 잘 알고 있었다. 2021년 2월 정부가 입법예고한 법안에는 '표준진료항목, 예방접종 등의 진료에 대한 비용을 고지한다'는 내용이 담겨 있었다. '표준진료항목'이 진료항목 표준화를 전제로 한 것이다. 이게 올바른 순서였다.

2021년 5월 청와대 국무회의 전후 바뀐 법안

입법예고안('21년 2월)

동물병원 개설자는 제20조의5제1항에 따라 마련된 표준진료항목, 예방접종 등의 진료 중 농림축산식품부령으로 정하는 진료에 대한 비용을 동물 소유자등이 쉽게 알 수 있도록 농림축산식품부령으로 정하는 바에 따라 고지하여야 한다.

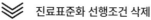 진료표준화 선행조건 삭제

국무회의안('21년 5월)

동물병원 개설자는 진찰, 입원, 예방접종, 검사 등 농림축산식품부령으로 정하는 주요 진료항목에 대한 진료비용을 동물소유자등이 쉽게 알 수 있도록 농림축산식품부령으로 정하는 방법으로 고지하여야 한다.

· 출처: 데일리벳

반려동물과 함께하다

그런데 이 입법예고안이 청와대 국무회의를 거치더니 확 바뀌었다. 표준진료항목이라는 전제가 온데간데없어진 것이다. 그냥 '진찰, 입원, 예방접종, 검사 등 주요 진료항목에 대해 고지한다'고 내용이 수정됐다. 혼란을 예방할 수 있는 전제 조건을 삭제하고 일단 법부터 통과시키고 보자는 '폭력적인 수정'이었다.

　　꼭 필요한 전제 조건을 삭제한 뒤 청와대는 "반려동물에 대한 의료서비스 수요가 증가하고 있으나 동물병원마다 진료항목이 상이하고 진료비 과다 청구, 과잉 진료 등으로 소비자 불만이 증가하고 있다."라며 "이번 개정안으로 동물의료서비스 소비자의 알 권리와 진료 선택권 보장이 강화될 것"이라고 밝혔다. 정부(농림축산식품부) 관계자는 "국회 입법 절차에 따라 조속히 통과될 수 있도록 적극 노력할 계획"이라고 청와대의 의견을 따랐다.

　　허술한 법 통과 과정은 국회로 이어졌다. 해당 법안이 국회에 상정되어 11월 24일 농림축산식품해양수산위원회 농식품법안심사소위(위원장 위성곤)에서 논의됐는데, 여러 의원이 성급하다고 지적했음에도 결국 일방적으로 통과됐다.

　　논의과정에서 홍문표, 김선교, 이원택, 어기구 등 다수의 의원이 준비 부족과 추가 의견수렴 필요성을 지적했지만, 당시 여당(더불어민주당) 소속이었던 위성곤 위원장이 공청회를 위한 보류보다 개정안 조문별 심의에 무게를 두면서 법안이 통과됐다. 공개된 소위 회의록에는 아래와 같은 의원들의 우려와 지적이 고스란히 담겨있다.

"기본적인 용어 또 비용의 수가제도 등등 이런 것들이 기준표가 없는데, 정부나 국회의원 한두 사람이 사회적 문제가 있으니까 가격은 이렇게 해서 하자 이렇게 되면 누가 이것을 동의하겠습니까?"

"상당히 무르익지 않는 숙성되지 않은 제도를 너무 성급하게 다루는 것이 더 위험한 방법이다."

"충분한 절차를 거치지 않고 법안을 소위에 상정했다. 심도 있는 법안을 심의하기 위해 여러 절차가 있는데, 그런 부분을 거치지 않았다."

"절차를 잘 거쳐서, 보류했다가 더 심도 있는 의견을 개진했으면 좋겠다."

"대안을 만들어서 공청회를 하자."

"정부하고 전문가들, 이해관계인들이 과거에 표준화 작업 진행을 심도 있게 해 오는 과정이 필요했는데 부족한 측면이 있다. 질병명이나 진료항목이라든가 법적 근거를 마련하고 표준화를 위한 과정이 필요하니 유예기간을 뒀으면 좋겠다."

이미 여러 의원은 진료항목 표준화 없이 법을 시행할 경우 혼란이 발생할 수 있음을 잘 이해하고 있었다. 하지만 당시 거대

반려동물과 함께하다

여당과 정부 관계자들에게 '부작용 최소화'나 '사회적 합의를 위한 절차와 과정' 따위는 관심 밖의 일이었다. 오로지 법안 통과라는 '결과'를 위해 힘썼고, 법안은 그렇게 '일방적으로' 통과됐다. '동물진료코드 신설이 선제 되어야 현장에서 혼란이 발생하지 않을 것'이라는 전문가의 의견과 '너무 성급하다'는 일부 국회의원의 의견은 그대로 무시됐다.

문재인 전 대통령의 반려동물 대선공약 1번은 동물 진료비부담 완화와 관련 있는 '동물의료협동조합 등 민간 동물 주치의 사업 활성화'였고, 2021년 11월 국회는 문재인 정부 임기의 마지막 정기국회였다. 과정보다 결과만 만들면 된다는 '밀어붙이기식 제도 도입'에 대통령의 공약 이행률은 높아졌을지 몰라도 피해는 고스란히 현장의 몫으로 남았다.

첫 번째 조항부터
혼란

2022년 7월 5일, 수의사법 개정안의 첫 번째 항목 '중대진료에 대한 사전 설명 및 서면 동의 의무화'가 시행됐다.

예상대로 현장에 혼란이 발생했다.

7월 5일부터 동물병원에서 중대진료 전에 동의서를 받아야 하는데, 법정 동의서가 7월 5일에야 확정됐다. 통과된 수의사법의 세부내용을 규정하는 '수의사법 시행규칙'이 7월 5일 시행 당일에야 발효된 것이다.

일선 동물병원에서는 법 시행 하루 전(7월 4일)까지 확정된 법정 동의서도 없고, 구체적으로 어떤 진료에 동의서를 받아야 하는지도 정확히 모르고, 법정 동의서만 사용해야 하는지, 아니면 동물병원 자체 동의서 양식을 써도 되는 것인지 알 수 없는 상황이었다. 구체적인 논의 없이 '일단 법부터 통과시키고 보자'는 성급한 결정이 이런 결과를 초래하고 말았다.

'진료비 게시 의무화'도 논란이다.

당초 수의사법 개정은 반려동물의 진료비 문제로 촉발됐다. 관련 논의도 반려동물을 전제로 진행됐다. 그런데, 뚜껑을 열어보니 별다른 축종 구분 없이 법이 개정됐다. 속성으로 법을 통과시키다 보니 소, 돼지, 닭 등을 진료하는 농장동물병원도 규제 대상에 포함된 것이다.

왕진이 기본인 소, 돼지, 닭에서 초·재진료를 따로 청구하는 경우는 드물고, 진료 과정에서 별도의 입원이나 엑스레이 촬영도 거의 없다. 진료비 게시 항목* 자체가 농장동물과 맞지 않는 것이다.

---

* 진료비 게시 항목
　초진·재진 진찰료, 진찰에 대한 상담료, 입원비, 개·고양이 종합백신, 광견병백신, 켄넬코프백신, 인플루엔자백신의 접종비, 전혈구 검사비와 그 판독료, 엑스선 촬영비와 그 판독료

　　　　　　　　　　　　　　　반려동물과 함께하다

게시방법도 황당할 따름이다(동물병원 내부 접수창구나 진료실, 또는 홈페이지에 게시).

수의사가 왕진을 가는데 병원 내부에 진료비를 써놓는 게 무슨 소용인가? 농장동물병원이 별도의 홈페이지를 운영하는 경우도 찾기 힘들다.

당연히 농장동물병원은 진료비 게시에서 예외하는 것이 맞지만, 충분한 논의 없이 법을 통과시키다 보니 농장동물병원도 진료비를 게시해지 않으면 시정명령 및 영업정지를 받는 황당한 상황에 맞닥뜨렸다.

출장진료전문병원(소·말·돼지·염소·사슴·닭·오리에 대해 출장진료만 수행하는 병원)은 진료비 게시 의무에서 제외됐지만, 소 진료병원 1,017개소 중 출장진료전문병원은 362개소(36%)에 그친다(2018년 기준). 과연, 밀어붙이기식으로 법 통과에 일조한 정부 관계자와 국회의원들은 이런 혼란에 대해 어떤 책임을 질 것인가?

유기동물과의
따뜻한 공존

연간 13만 마리의 유기동물은
어떻게 될까?

2020년 연간 발생한 유기동물 수는 유실동물 포함 총 13만 401마리였다. 하루 평균 357마리나 된다. 심지어 이 수치는 전국 280개 지자체 동물보호센터에 입소된 개체만 파악한 수치이므로 사설보호소 입소 개체, 동물보호단체 구조 개체, 구조되지 않고 야생에 떠도는 개체까지 고려하면 실제 유기동물 수는 이보다 훨씬 더 많을 것으로 추정된다. 우리나라에서 유기동물 문제가 얼마나 심각한지 가늠할 수 있다.

최근 5년간 국내 유기동물 발생 현황(유실동물 포함)

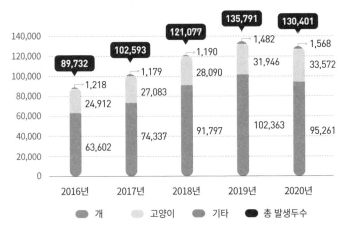

· 출처: 농림축산검역본부(단위: 마리)

연간 유기동물 발생 수는 2014년 81,147마리로 최저점을 찍은 뒤 꾸준히 늘어났다(2015년 82,082마리, 2016년 89,732마리, 2017년 102,593마리, 2018년 121,077마리, 2019년 135,791마리). 2020년은 130,401마리로 전년 대비 소폭 감소했으나 여전히 유기동물 숫자는 많기만 하다.

그렇다면 연간 13만 마리의 유기동물은 어떻게 될까? 결론부터 말하자면 절반은 보호소 내에서 죽는다.

2020년 유기동물 보호 형태를 보면 원래 보호자에게 돌아간 경우가 11.4%, 새로운 보호자에게 입양된 경우가 29.6%, 기증된 경우가 1.2%였다. 유기동물인데 원래 보호자에게 돌아가는 경우(인도)가 있는 이유는 유기동물 통계에 보호자가 잃어버린 유실동물도 포함되기 때문이다.

보호소 내에서 자연사(25.1%) 되거나 안락사(20.8%)되는 경우도 많다. 45.9%로 절반 가까이 된다. 보호 중(10.4%)인 개체도 새로운 주인을 만나지 못하면 결국 안락사된다는 점을 고려할 때 실제 안락사되는 개체 비율은 더 높아진다. '유기동물 중 절반은 보호소에서 생을 마감한다'는 말이 나오는 이유다.

유기동물이 늘어나면서 유기동물 관리에 투입되는 예산도 크게 증가하고 있다. 2016년 114억 8천만 원이었던 전국 동물보호센터 운영비용은 2019년 232억 원까지 증가했다. 모두 국민 세금이다. 심지어 2020년에는 유기동물 발생 수가 2019년보다 3% 감소했음에도 투입된 세금은 오히려 15.1% 증가한 267억 2천만 원을 기록했다. 유기동물 관리수준에 대한 국민의 관심이 높아지면서 지자체 동물보호센터 운영비용도 커지고 있는 것이다. 직영 보호센터를 늘리고 센터의 시설을 개보수하고 인력을 충원하려면 당연히 비용이 늘어나기 마련이다.

반려동물과 함께하다

최근 5년간 유기동물 보호형태 비율

처리방법	비율(%)				
	2016년	2017년	2018년	2019년	2020년
인도	15.2	14.5	13.0	12.1	11.4
분양	30.4	30.1	27.6	26.4	29.6
기증	1.6	1.9	1.8	1.4	1.2
자연사	25.0	27.1	23.9	24.8	25.1
안락사	19.9	20.2	20.2	21.8	20.8
기타	1.7	1.5	1.8	1.7	1.7
보호중	6.2	4.7	11.7	11.8	10.4

· 출처: 데일리벳

최근 5년간 동물보호센터 운영비용 그래프

· 출처: 데일리벳

이처럼 매년 수백억 원의 국민 혈세가 투입된다면(그리고 앞으로 투입될 혈세가 늘어난다면), 유기동물 문제는 '동물에 관심 있는 사람들만의 문제'가 아니라 우리 사회 전체가 함께 고민하고 해결해야 할 '사회적 문제'가 됐다고 보아야 하지 않을까? 그렇다면 우리는 유기동물 문제를 어떻게 해결해야 할까?

"사지 말고 입양하자.", "분양 전에 평생 책임질 수 있는지 충분히 고민하자."라는 말을 한 번쯤 들어봤을 것이다. 반려동물 보호자들의 인식 개선을 위한 캠페인 문구다. 하지만 이런 캠페인만으로는 유기동물 문제를 근본적으로 해결할 수 없어 보인다. 애초에 유기동물 문제의 가장 큰 원인이 '보호자'가 아니었기 때문이다.

유기동물 통계 분석이 제대로 이뤄지지 않았던 몇 년 전만 해도 유기동물은 모두 무책임한 주인들이 동물을 버려서 발생하는 줄로만 알았다. 그래서 유기동물 문제가 사회적으로 대두될 때마다 애꿎은 반려인들이 욕을 먹었다. 물론 지금도 동물을 내다 버리는 무책임한 사람들이 있다. 하지만 이들이 연간 13만 마리에 이르는 유기동물 문제의 주요 원인이 아니라는 게 밝혀졌다.

반려동물과 함께하다

동물자유연대가 동물보호관리시스템(APMS)을 직접 분석해서 발표한 이슈리포트(2021 유실·유기동물 분석)에 따르면, 2021년 발생한 유기동물 중 절반 이상이 만 1세 미만 어린 개체였다(53.5%). 개의 경우 만 2세 미만이 전체 70%에 육박했고, 심지어 고양이는 만 1세 미만이 80.8%에 달했다.

흔히 '동물이 늙고 병들면, 관리가 힘들고 돈이 많이 들어서 버린다'는 선입견이 있는데 유기동물 대부분이 건강하고 어리다니 큰 '모순'이지 않은가?

유기동물의 품종까지 분석하면 이러한 모순이 더 커지는데 전체 유기견의 78.3%가 비품종견(흔히 말하는 믹스견)이었다. 대략 유기견 10마리 중 8마리가 비품종견인 것인데 2021 한국반려동물보고서에 따르면 반려견 보호자들의 비품종견을 양육하는 비율은 10.7%에 불과했다. 1위는 몰티즈(23.7%), 2위는 푸들(19.0%), 3위는 포메라니안(11.0%)이었다. 보호자들은 품종견을 많이 양육하는데 동물보호센터에 입소 되는 유기견은 대부분 비품종견인 모순이 발생했다. 이는 유기동물 중 보호자들이 버린 동물이 생각보다 많지 않았음을 의미한다.

앞서 설명한 대로, 유기동물 통계는 지자체 동물보호센터에 입소된 개체를 분석한다. 보호자들이 버린 동물이 센터로 구조

되는 경우보다 자연에서 교배해서 태어난 동물들이 구조되고 이것이 유기동물 통계에 잡힌다는 해석이 가능하다. 대부분의 보호자들은 잘못이 없었다.

따라서 유기동물 문제를 근본적으로 해결하려면 보호자 인식 개선 캠페인과 함께 길고양이 개체 수 조절, 마당개·들개 중성화수술이 병행되어야 한다. 중성화되지 않은 마당개가 목줄을 끊고 탈출해서 교배하면 개체 수가 걷잡을 수 없이 증가한다.

이론적으로 중성화되지 않은 개·고양이 한 쌍은 9년 뒤 1,100만 마리까지 개체 수가 늘어날 수 있다(먹이가 충분하고 질병 등 변수가 없다면 말이다). 사람은 한 번에 보통 1명의 아이를 낳고 임신 기간도 280일이나 되지만, 개·고양이는 한 번에 2~8마리의 새끼를 낳고 임신 기간도 63일로 짧다. 태어난 새끼 중 절반이 암컷, 절반이 수컷이라고 생각하고 끊임없는 교배·출산이 이뤄진다고 가정하면 2마리가 9년 뒤 1,100만 마리가 되는 충격적인 결과가 나온다. 길고양이, 마당개, 들개 등 '주인 없는 동물'의 중성화수술 및 관리가 유기동물 문제를 근본적으로 해결하는 방법으로 여겨지는 이유다.

다행히 정부도 이런 상황을 인지한 것 같다. 길고양이 TNR 사업과 마당개(실외사육견) 중성화수술 사업을 확대하고 있기 때문이다.

TNR(Trap-Neuter-Return) 사업은 길고양이 개체 수 조절·관리를

반려동물과 함께하다

위해 길고양이를 포획한 뒤 중성화수술을 거쳐 원래 있던 장소로 돌려보내는 사업을 의미한다. 흔히 '길고양이 중성화사업'이라고 불린다.

2020년 TNR을 받는 길고양이는 총 73,632마리로 2019년(64,989마리) 대비 13.2% 증가했다. 2016년(33,313마리)에 비하면 2.2배 증가한 수치다. 길고양이 TNR 사업량이 늘어나면서 투입되는 예산(세금)도 늘고 있다. TNR 사업 비용은 2017년 48억, 2018년 67.9억, 2019년 90.8억 등 매년 크게 증가해 2020년에는 역대 최초로 100억 원을 돌파했다. 2020년 전국 지자체 길고양이 TNR 사업 비용은 총 106억 9천만 원으로 전년(90억 8천만 원) 대비 17.7% 증가했다.

TNR을 받은 길고양이 수가 매년 늘어나는 점을 감안하면 앞으로도 투입되는 세금은 계속 많아질 것이다.

실외사육견(마당개) 중성화수술 사업은 2019년 제주도에서 시범사업으로 처음 시작됐다. 인구대비 유기동물 발생 건수가 전국 최고 수준이던 제주도는 유기견의 92%가 혼종견(믹스견)인 점을 고려해 읍면지역 마당개를 중심으로 중성화수술을 지원했다.

이후 제주도의 2020년 유기동물 발생 수는 2015년 이후 처음으로 감소했고 읍면지역 유기동물도 전년 대비 22% 감소했다. 제주도는 이를 근거로 마당개 중성화수술 사업의 효과가 있다고 판단, 사업을 계속 확대하고 있다.

마당개 중성화수술 사업은 현재 제주도뿐 아니라 서울, 경기, 전북, 경북 등 전국 각 지자체로 확대되어 운영 중이다. 특히, 2022년에는 중앙정부까지 마당개 중성화사업에 발 벗고 나섰다.

2021년 9월 30일, 김부겸 국무총리가 주재한 제133회 국정현안점검조정회의에서 '유기 반려동물 관리체계 개선방안'이 논의됐는데, 이 자리에서 유기동물 발생 최소화를 위한 실외사육견 중성화 필요성이 강조됐다. 당시 정부는 "실외사육견 대상 전국 단위 중성화사업을 적극 추진해 2026년까지 85% 이상 중성화를 완료하겠다."라고 발표했다. 전국 유기견의 상당수가 비품종견 (믹스견)이라는 점이 정부가 이런 대책을 세우는 데 일조했다.

중앙정부의 이런 의지는 예산으로 반영되어 2022년 농림축산식품부 동물보호 및 복지대책 예산(110억 2천만 원)에 읍면지역 실외사육견 중성화수술 지원예산이 처음 반영됐다(15억 원). 국비지원이 확정되면서 각 지자체의 마당개 중성화수술 사업량도 늘고 있다.

길고양이 TNR 사업, 정부·캣맘·수의사 3박자 맞아야

2021년에 길고양이 TNR 사업과 관련해 큰 사건이 있었다. TNR 사업의 기준이 되는 '고양이 중성화사업 실시 요령'이라는 고시

반려동물과 함께하다

가 있는데, 정부가 이 고시를 개정하려다가 큰 반발에 부딪힌 것이다.

고양이 중성화사업 실시 요령은 2016년 3월 제정된 이후로 2021년까지 한 번도 개정된 적이 없었다. 정부는 '중성화사업 수행에 제약 사항이 많아 사업의 효과성이 저해된다'는 판단 아래, 2021년 7월 효과적인 길고양이 개체 수 조절을 위한 요령 개정을 추진했다.

정부가 판단한 제약 사항은 몸무게 2kg 미만 개체 중성화 대상에서 제외, 수태·포유 중인 개체 포획 시 즉각 방사, 장마철·혹서기·혹한기 때 중성화사업 중단 등이었다.

정부는 중성화 제외 대상 및 환경조건을 축소해 중성화사업의 효과를 높이려고 했다. 그래서 몸무게 2kg 미만 고양이나 수태·포유가 확인된 개체도 수의사의 판단에 따라서 중성화수술이 가능하다면 수술을 한 뒤 충분한 회복 시간을 거쳐 방사할 수 있으며, 장마철·혹서기·혹한기 등 외부환경 요인이 있더라도 고양이의 생태·습성에 맞는 안전한 중성화수술을 할 수 있도록 고시를 개정하려고 했다.

그런데 이 같은 고시 개정안 초안이 공개되자 전국 길고양이보호단체 연합(전길연)을 중심으로 한 동물단체들이 대대적으로 반발했다. 이들은 "동물보호에 역행할 뿐 아니라 중성화사업의 목적에도 위배되는 졸속 행정이고 탁상공론의 표본이자 동물말살 정책"이라며 개정안 전면 철회를 요구했다. 2kg 미만의 작은 개체와 수태·포유 중인 고양이까지 중성화수술을 하는 건 동물학대행위라는 것이었다.

결국 정부는 이들의 의견을 반영해 계획을 선회했다. 몸무게 2kg 미만의 고양이나 수태 혹은 포유가 확인된 개체를 즉각 방사하도록 한 규정을 그대로 유지한 채 요령을 개정·고시했다. 사실상 케어테이커(캣맘)의 협조 없이 길고양이 중성화사업이 제대로 수행될 수 없는 상황에서 단체의 반대를 무시할 수 없었던 것으로 보인다.

이렇게 '고양이 중성화사업 실시 요령 개정 논란'이 일단락되는가 싶었는데 이번에는 수의사들이 반발하고 나섰다. 동물 건강의 최고 전문가는 수의사인데 수의사의 의견을 수렴하는 과정 없이 비전문가들의 비과학적 주장에 정부가 휘둘렸다는 것이다.

대한수의사회 지부장협의회는 2022년 2월 성명서를 발표하고 중성화수술의 체중 2kg 제한 규정 삭제, 수유묘의 중성화수술 금지 규정 삭제, 집중 TNR 병행 시행을 요구했다. 협의회는 "우리나라 TNR 사업이 길고양이 개체 수 조절에 실패한 채 길고양이 관련 민원 해소용으로 전락해 혈세만 허비하고 있다."라고 지적했다. TNR로 개체 수 증가를 막으려면 지역 내 중성화 개체 비율이 75%를 넘겨야 하지만 서울특별시와 6대 광역시의 길고양이 중성화 비율은 13% 이하에 그치고 있다는 것이다(2020년 기준).

협의회는 '2kg 미만 고양이도 수술 후 자생능력이 있다'고 수의사가 판단하는 경우 중성화수술을 진행해야 한다고 주장했다. 특히 "전 세계적으로도 체중만을 기준으로 중성화 가부를 결정하는 국가나 수의사는 없다."라며 "고양이의 연령, 체중, 신체 상태를 바탕으로 수술 가능 여부를 종합적으로 판단한다."라고 강조했다. 수의사가 각 개체의 상태를 판단해 수술 여부를 결정해야지 체중 2kg 같은 기준을 마련하는 건 잘못됐다는 것이다. 2.01kg은 수술할 수 있고 1.99kg은 수술이 안 되는 상황은 과학적으로 납득하기 어려운 게 사실이다.

협의회는 수유 중인 길고양이의 중성화수술을 금지한 것도 TNR 목적에 위배되는 독소 조항으로 규정했다. 수의학 학술서적이나 관련 논문, 해외동물보호단체의 TNR 가이드라인 모두 임신, 수유, 발정기, 자궁축농증 등의 여부와 관계없이 모든 개체를 TNR 하도록 권고하고 있다는 이유다. 임신·수유 중인 개체를 풀어주었다가 다시 잡는다는 것도 현실적으로 불가능하다. 국내에서 2017년부터 2018년까지 길고양이 군집 375마리를 대상으로 벌인 집중 TNR 관련 연구보고에 따르면 이미 중성화된 개체가 다시 잡힌 경우는 0.8%에 불과했다.

협의회는 의견이 반영될 때까지 길고양이 중성화사업을 전면 거부하는 방안까지 불사한다는 방침이다.

지자체별로 차이가 있지만 대략 12만 원 정도로 책정되어있는 길고양이 중성화수술 비용도 도마 위에 올랐다. 12만 원에 중성화수술을 하려면 수술 전 검사를 생략하는 것은 물론 수액처치, 통증관리, 술부소독, 기구소독도 제대로 할 수 없다는 것이다. 정부가 진정으로 길고양이의 건강과 복지를 신경 쓴다면 TNR 사업의 수술비용도 인상되어야 한다는 게 수의사들의 생각이다.

낮은 수술비용은 비단 길고양이에게만 해당되는 것은 아니다. 약 40만 원 정도로 책정된 마당개 중성화수술비용도 문제가 있다. 마당개는 주로 대형견이고 외부에서 생활하며 예방관리가 미흡한 경우가 많아 심장사상충 등 기저질환 검사가 필요하다. 이런 검사 없이 수술을 진행하면 마취사고가 발생할 가능성이 크다. 충분한 검사와 제대로 된 수술을 진행하기에 40만 원은 턱없이 부족한 금액이다.

개인적으로 마당개 심장사상충 감염이 얼마나 심각한지 직접 경험한 적이 있다. MBC 〈심장이 뛴다 38.5〉라는 동물 프로그램에 공동 MC로 참여하면서 '안면도'에 가서 마당개 10마리를 대상으로 심장사상충 검사를 했었는데, 무려 6마리가 사상충에 감염되어 있었다. 보호자분들께서 반려견을 너무 사랑하지만, 올바른 예방법을 알지 못해서 벌어진 일이었다. 심지어 그중 한 마리는 심장사상충 감염이 너무 심해 배가 복수로 가득 찼고, 큰 병원으로 옮겨져 치료를 받았다. 이처럼 시골개, 마당개는 여러 질병에 노출되어 있으므로, 마당개 중성화사업이 '안전하게' 진

반려동물과 함께하다

행되기 위해서는 수술 전 충분한 검사가 이뤄져야 한다. 40만 원으로는 불가능하다.

TNR 사업이 제대로 진행되기 위해서는 포획 및 방사 후 관리를 담당하는 케어테이커(캣맘)와 수술을 담당하는 수의사, 그리고 사업을 진행하는 정부의 3박자가 잘 맞아야 한다. 가뜩이나 TNR 사업은 수술방법과 사용약물, 사업 주체 입찰·계약 방식, 단체 간 갈등 등으로 논란이 끊이질 않는데 여기에 케어테이커(캣맘)−수의사 간의 대결 구도까지 생기는 것 같아 걱정이다. 길고양이와의 올바른 공존을 위해 알량한 알력 다툼은 던져버리고 서로의 입장을 한 번씩 돌아보면 어떨까?

유기동물에 대한 선입견 지우고
'사지 말고 입양하세요'

앞서 살펴본 것처럼 유기동물 문제를 근본적으로 해결하기 위해서는 길고양이, 들개 등 '주인 없는 동물'과 마당개, 시골개의 중성화수술이 가장 중요하다. 이와 함께, 유기동물 입양이 늘어나는 것도 당연히 필요하다.

2020년 기준 보호자에게 입양된 유기동물은 10마리 중 3마리(29.6%)에 불과한데, 만약 이 비율이 60~70%까지 늘어난다면 자연사·안락사되는 개체가 줄어들고, 보호 비용이 감소해 투입되는 예산을 줄일 수 있다. 국민 혈세를 아낄 수 있는 것이다. 즉, 유기동물 입양은 반려동물을 가족으로 맞이하면서 동시에 사회 문제 해결에도 일조하는 방법이다.

그런데 여전히 유기동물에 대한 선입견이 크고 유기동물 입양을 꺼리는 분위기가 팽배한 것 같아 아쉽다.

2021년 8월 JTBC 〈펫키지〉라는 프로그램에서 방송인 김희철 씨가 "유기견을 키운다는 게 진짜 대단한 것 같아. 전문가들이 말하길 초보 애견인들에게 절대 추천하지 않는다."라고 말해 논란이 된 바 있다. 한 동물단체는 "유기동물을 반려하기 어려운 동물로 오해를 일으키는 발언을 했다."라며 깊은 우려를 표했고 제작진은 주의하겠다고 사과했다.

개인적으로 김희철 씨 발언에 악의가 있다고 생각하지 않는다. 유기견은 한 번 상처 받았기 때문에 더욱 신중해야 하고 충분한 지식을 갖고 입양해야 한다는 뜻에서 그렇게 말했을 것이다. 문제는 김희철 씨 개인이 아니라 우리나라 국민 중 상당수가 유기견에 대한 선입견을 가지고 있다는 점이다.

2019 동물보호국민의식조사에 따르면 유기동물 입양의향이 있다는 응답자는 26.2%에 그쳤다(보통 36%, 없다 37.8%). 유기동물 입양의향이 없는 사람들에게 유기동물 입양이 힘든 이유를 물었더니 '질병·행동 문제가 있을 것 같아서(43.1%)'가 1위를 차지했다. 유기동물은 왠지 어딘가 아프고 정서적으로 문제가 있을 것

반려동물과 함께하다

같다는 것이다. 2위는 '연령이 높아서(16.9%)'였는데 실제 유기동물 대부분이 만 2세 미만 어린 개체인 걸 고려하면 얼마나 잘못된 인식이 팽배한 지 알 수 있다. 유기동물에 대한 이런 안 좋은 선입견은 방송, SNS 등을 통해 전달된 열악한 보호소 이미지가 만들어낸 것으로 보인다.

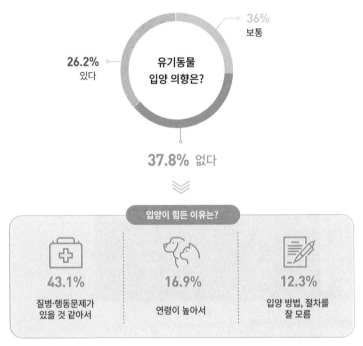

· 출처: 농림축산식품부, 2019 동물보호국민의식조사

©서울시

동대문구 발라당 입양카페,
수원 경기도반려동물입양센터,
상암동 서울동물복지지원센터

　　　　　　　　　　　　　반려동물과 함께하다

흔히 유기견보호소, 동물보호센터 하면 떠오르는 이미지가 있다. 관리를 받지 못해 누더기가 된 수십·수백 마리의 개들이 한 공간에 모여서 사람이 다가가면 마구 짖는 모습이다. 피부병이나 눈병에 걸린 개체도 많고 사료 그릇은 더러워져 있으며 여기저기에 쥐 사체나 유기동물 사체가 널브러져 있다. 케이지는 청소가 안 되어 더럽고 중성화 안 된 개체들 때문에 개체 수가 계속 늘어나며 똥오줌으로 털이 더러워져 있는 모습, 방송이나 SNS에서 본 충격적인 모습이 그대로 머리에 각인되어 유기동물을 대변하는 모습이 되어버렸다.

하지만 모든 유기동물이 이런 것은 아니다. 이런 극단적인 모습은 애니멀호더 성향의 소장이 운영하는 사설동물보호소이거나 일부 개념 없는 지자체 위탁 보호소의 모습이다. 요즘에는 펫숍 등 동물 판매업소보다 오히려 더 잘 관리받는 유기동물이 많다.

최근 각 지자체는 도심지에 유기동물 입양센터를 운영하고 있다. 서울만 해도 상암동에 있는 서울동물복지지원센터를 비롯해 강동리본센터, 서초사랑센터, 노원반려동물문화센터, 동대문발라당입양카페가 존재한다.

경기도 역시 화성 도우미견나눔센터, 수원 반려동물입양센터 2개의 직영 유기동물입양시설을 운영 중인데, 두 시설에서 입양된 유기동물이 2021년에 2천 마리를 돌파했다. 광명, 성남, 구리에도 이런 입양센터가 하나씩 생기고 있다.

유기동물에 대한 선입견이 있는 사람은 이런 도심지 입양센터에 가보길 추천한다. 현장을 방문하면 선입견이 바로 없어질 것이다. 지자체에서 직접 운영하는 만큼 중성화수술, 예방접종, 구충 등 건강관리를 잘 받는다. '질병 문제가 있을 것 같다'는 인식과 반대다.

행동학적 문제도 오히려 (강아지공장-펫숍 출신보다) 더 적을 수 있다는 게 개인적인 생각이다.

우리나라에는 관련 연구가 없지만 해외에는 강아지공장(퍼피밀, 퍼피팜)-펫숍 출신 강아지가 행동학적 문제가 더 많다는 연구 결과를 쉽게 찾을 수 있다.

미국동물복지전문의이자 베스트 프렌즈 애니멀 소사이어티의 책임연구자 프랭클린 맥밀란(Franklin D. McMillan) 수의사가 펫숍에서 구매한 강아지 413마리와 전문적인 브리더로부터 분양받은 강아지 5,657마리의 행동학적 특성을 비교한 결과, 펫숍에서 구매한 강아지들에게서 모든 형태의 행동학적 문제가 더 많이 발생했다.

다른 개에 대한 공격성, 낯선 사람에 대한 공격성, 분리불안, 화장실 실수, 애정결핍 등을 보일 확률이 모두 높았는데, 특히 보호자에 대한 공격성을 보일 확률이 3배나 컸다. 프랭클린 맥밀란 수의사의 연구뿐만 아니라 최소 6개의 해외 논문에서 '펫숍 출신 강아지들이 보호자(가족 구성원)에 대한 공격성을 보일 확률이 더 높다'는 점이 확인됐다. 아직 전문 브리더에 대한 기준이

반려동물과 함께하다

프랭클린 맥밀란 강의 모습

없고 부모견의 유전질환과 행동문제까지 고려하는 브리더가 많지 않은 우리나라 현실을 고려하면 오히려 지자체 동물보호센터에서 잘 관리받은 유기동물이 (동물 판매업소 분양 개체보다) 더 건강하고 행동문제도 적을 수 있다.

그러니 반려동물 분양을 고려 중이라면 건강함이 증명된 유기동물 입양을 먼저 고려해보는 것을 강력히 추천한다. 유기동물 입양 시 동물등록과 진단·치료비, 예방접종, 중성화수술, 미용, 보험비 등을 일부 지원하는 지자체도 많으니 제도를 꼭 활용하자.

통계로 입증된
도심지 입양센터 효과

2021 서울서베이 자료에 따르면, 도심지 입양센터의 유기동물 입양률은 54.5%로 원거리 입양센터 입양률(33.6%)보다 훨씬 높았다(평균 39%). 도심지 입양센터의 효과가 수치로 입증된 것이다.

접근성도 좋고, 보호자들이 센터에 실제 방문해봤을 때 유기동물이 잘 관리 받고 문제가 없다는 걸 눈으로 확인할 수 있기 때문에 도심지 입양센터의 입양률이 높은 것으로 보인다.

심지어 도심지 입양센터를 꾸준히 늘려온 서울시의 유기동물 수는 최근 3년간 31.8% 줄었고(2018년 8,200마리→2021년 5,600마리), 안락사율 역시 2018년 24%에서 2021년 9% 수준으로 대폭 감소

반려동물과 함께하다

했다. 같은 기간 유기동물 입양률은 32%에서 39%로 상승했다.

앞서 유기동물 관리에 투입되는 예산(세금)이 매년 증가하고 있다고 설명했는데, 서울의 경우를 보면 유기동물에 세금을 투입하는 것이 '밑 빠진 독에 물 붓기'가 아니라는 걸 알 수 있다. 몇 년간 꾸준히 예산을 투입해 유기동물을 잘 관리하면 어느 시점부터 유기동물 수가 줄고, 입양률이 높아지며, 유기동물 안락사도 감소한다. 멀리 내다보면 '유기동물 관리수준을 높이는 것이 장기적으로 유기동물 문제를 해결하고, 예산을 아끼는 길'이 될 수 있다.

서울시 유기동물 수 및 안락사율 추계

· 출처: 서울시(2021.12.31.일 기준)
보호 중 동물의 후속조치로 인해 안락사율 수치 변동가능

유기동물 사체의
의미있는 기여

유기동물 관리 예산을 아끼면서 동물의료 발전에 기여할 수 있는 아이디어가 있다. 바로 유기동물 사체를 수의사·수의대생 실습에 활용하는 방안이다.

필자가 수의대생이었을 때는 살아있는 동물로 외과실습을 했다. 멀쩡한 개의 배를 열어 장문합수술, 중성화수술을 하고, 아프지도 않은 다리에 슬개골탈구교정술과 대퇴골두절단술을 시행했다. 지금 생각해보면 말도 안 되는 일이지만 당시에는 그렇게 실력을 쌓았다(무려 14년 전 일이다).

이후 동물복지에 대한 관심이 커지면서 수의대에서 시행되던 '살아있는 동물 대상 외과실습'은 대부분 사라졌다. 분명 맞는 방향이다. 하지만 부작용도 생겼다. 수의대생이 실력을 쌓을 기회가 줄어들고 만 것이다. 더미 등 동물 모형을 활용해 연습하지만 실제 동물과 비교했을 때 한계가 있는 게 사실이다.

동물복지 최전선에 서야 할 예비수의사로서 '동물실험·실습을 지양해야 한다'는 대원칙에 모두가 동의한다. 그러나 '수의대생의 실력 향상 기회가 박탈되고 있다'는 의견도 무시하면 안 된다.

이런 논란은 수의대 교육에만 국한되지 않는다. 수의사들도 실력 향상을 위해 살아있는 동물이나 카데바(연구 목적을 위해 기증된 해부용 시체)를 활용한 외과실습이 필요한데, 우리나라에서는 현실적으로 불가능하다.

실험동물 생산시설에서 판매하는 실험견은 마리당 수백만 원에 이르는데, 수백만 원을 내겠다고 해도 수의사 개인이 실험견을 구매할 수 없다. 동물실험윤리위원회(IACUC)가 설치된 기관에서 동물실험계획을 세운 뒤 윤리위원회의 승인을 받아야 합법적으로 실험동물을 사용할 수 있기 때문이다.

윤리위원회 승인도 쉽지 않다. 승인을 위해서는 '무엇을 위해 어떤 실험동물이 몇 마리 필요한지'에 대한 과학적 근거를 제시해야 하는데, '수의사의 실력 향상'이라는 목표는 매우 피상적이다.

결국, 우리나라 수의사는 정식 기관이나 학교를 통해 제공되는 매우 제한된 실습 기회만 얻고 있다. 새로운 수술법이 나오면 연습해야 하는데 마땅한 방법이 없어 답답함을 느낀다.

이런 상황이 수의사와 수의대생을 '음성적인 연습'의 길로 이끌고 있다. 동물의료봉사가 실습 현장으로 변질되기도 하고, 동물환자 사체를 의료폐기물로 처리하기 전에 몰래 연습하기도 한다. 분명 문제가 있지만 '살아있는 동물환자를 대상으로 처음 수술을 하는 것보다 이렇게라도 연습을 해보는 게 낫지 않나?'라는 생각이 든다.

우리나라와 달리, 해외에서는 실습을 위해 동물 사체를 합법적으로 구매할 수 있다. 한국 수의사들이 외국까지 가서 카데바 실습을 하는 경우가 꽤 많다. 한 의료계 종사자는 이에 대해 "수의사들이 카데바를 못 구해서 해외까지 가다니 낭비도 이런 낭비가 없다."라며 혀를 찼다.

분명 보호자들은 '경험이 많은 실력 있는 수의사'에게 수술을 받고 싶을 텐데, 수의사·수의대생이 '실력을 쌓을 기회'는 점점 줄어들고 있다.

이런 상황에서 동물보호센터가 유기동물 사체를 수의과대학이나 수의사 단체에 기증할 수 있다면 어떨까? 수의사·수의대생은 실력을 향상할 수 있고, 유기동물 관리에 투입되는 예산은 줄일 수 있지 않을까?

2020년 1년간 발생한 유기동물은 총 13만 마리였다(개 95,261마리, 고양이 33,572마리). 안락사 비율(20.8%)을 고려하면 연간 약 2만 마리의 유기견과 7천 마리의 유기묘가 안락사되는 것으로 추정된다. 안락사 비용과 안락사 후 사체 처리 비용은 당연히 국민이 낸 세금으로 충당한다. 유기견 2만 마리, 유기묘 7천 마리의 사체를 의료폐기물 또는 동물장묘시설에서 합법적으로 처리하려면 수십억 원의 세금이 필요하다.

결국, '유기동물 사체를 활용한 실습'은 세금을 아끼면서 동물 의료 발전에도 기여하는 방법이 될 수 있다는 게 개인적인 생각이다(살아있는 유기견을 죽여서 실습하자는 게 아니다. 동물보호센터에서 안락사한 유기동물 사체를 기증하는 방안이다).

그런데 이 아이디어는 유통기한이 있다. 실제 카데바와 거의

반려동물과 함께하다

똑같은 모형이 개발되면 유기견 사체를 활용할 필요가 없어진다. 또한, 안락사되는 유기동물이 없어지면 실습에 활용할 사체도 없어진다. 어느 쪽이든 빠른 시일 내에 이뤄져서 이 아이디어가 제도화되더라도 부디 수명이 짧길 바란다.

물론 우려스러운 부분도 있다. 유기동물 사체를 활용한 실습이 동물보호복지에 역행하고 생명경시 풍조를 조장할 수도 있다. 동물실험을 지양하고 동물대체시험법 개발·적용에 앞장서야 할 수의사라면 동물 사체도 존엄히 생각해야 한다. 따라서 유기동물 사체를 실습에 활용하기 전에 수의대생·수의사를 대상으로 한 '생명윤리 교육'이 먼저 이뤄져야 할 것이다.

한 가족이 되기 위한
마음 준비

우리 개는
안 물어요!

펫티켓(Petiquette)이라는 단어가 있다. 펫(Pet)＋에티켓(Etiquette)의
합성어로 공공장소에서 반려동물과 함께 지켜야 할 예의를 뜻하
는데, 몇 년 전 유명 연예인의 반려견이 유명 한식당 사장을 무
는 개 물림 사고가 큰 논란이 된 이후 펫티켓에 대한 국민적 관
심이 커졌다.

 개 물림 사고는 목줄·리드줄 등의 안전장치 미착용과 같이 보
호자가 펫티켓을 준수하지 않아 발생하는 경우가 많다. 그래서
펫티켓에 관한 얘기가 나올 때마다 개 물림 사고가 꼭 같이 언급
된다. 우리가 뉴스로 접하는 개 물림 사고는 1년에 몇 건밖에 되

반려동물과 함께하다

지 않지만, 실제 개 물림 사고는 매우 많이 발생한다.

2011년 1년간 한국소비자원에 접수된 개 물림 사고는 245건이었는데 2018년에는 1,962건으로 늘었다. 7년 만에 8배나 증가한 것이다. 2011년에 안 물던 개들이 갑자기 2018년에 사람들을 물기 시작한 것일까? 그렇지 않다. 동물보호법이 강화되고 펫티켓에 대한 관심이 커지면서 개 물림 사고 신고가 증가했기 때문이다. 예전에는 개한테 물려도 굳이 신고하지 않고 넘어가는 경우가 많았다면 이제는 신고하고 문제를 제기한다는 것이다.

소방청 통계를 보면 개 물림 사고의 심각성이 더 크게 와닿는다. 개 물림 사고를 당해 119 구급이송을 받은 사람은 2016년부터 2020년까지 매년 연간 2천 명 이상이었다. 하루 평균 6명이 개한테 물려 구급차를 타고 있다. 응급, 준응급 환자 비율도 높은데 2018년 개 물림 사고로 119 구급이송을 받은 환자 2,368명 중 절반 이상이 응급+준응급 환자였다(응급환자 478명, 준응급환자 739명).

연도별 개 물림 사고 환자 이송 통계(최근 5년간)

구분	2016년	2017년	2018년	2019년	2020년	총계
개 물림 사고 건수	2,111	2,405	2,368	2,154	2,114	11,152
일일 평균 사고 건수	5.78	6.59	6.49	5.90	5.79	6.11

· 출처: 소방청

2022년 7월 발생한 8살 아이 개 물림 사고를 기억하는가? 울산시 울주군의 한 아파트 단지에서 목줄이 풀린 채 돌아다니던 개가 8살 남자아이에게 달려들어 목 부위 등을 물어 중상을 입힌 사건이다. 아이가 이미 넘어져서 전혀 저항을 하지 않았지만, 개는 2분에 걸쳐 아이의 목을 흔드는 등 집요하게 공격했다. 마치 맹수가 먹잇감을 사냥하는 것처럼 말이다. 영상이 공개되며 수많은 국민이 안타까워하고 분노했다. 이 사건처럼 어린아이들도 개 물림 사고를 많이 당하는데, 최근 3년간 개 물림 사고를 당해 119 구급이송을 받은 9세 미만 아이가 무려 436명에 달한다. 이 아이들은 평생 트라우마에 시달리며 동물을 싫어할 가능성이 크고, 어린아이들의 부모 역시 반려동물에 대한 부정적 인식을 갖게 될 수 있다. 주인이 펫티켓(목줄착용)만 준수했어도 아이들이 개에 물려 다치는 일은 크게 줄었을 것이다.

동물보호법상 준수해야 할 펫티켓은 모두 2개월령 이상의 반려견에만 적용된다. 외출 시 목줄·리드줄 등 안전장치 착용, 배설물 수거, 동물등록, 외출 시 인식표 착용 등이 대표적인데 동물보호법에 따른 의무 사항이며 위반할 경우 과태료가 부과된다. 특히 내장형 칩으로 동물등록을 했어도 외출 시에는 보호자의 연락처가 적힌 인식표를 착용해야 하는 점을 잊지 말자.

반려동물과 함께하다

펫티켓을 대하는
반려인·비반려인의 동상이몽

펫티켓 준수에 대해 반려인과 비반려인이 완전 다르게 생각하는 경향이 있다.

2021년 동물보호 국민의식조사 결과, 반려견 양육자 10명 중 8명은 준수 사항(펫티켓)을 지키는 편이라고 답했다. '매우 잘 지키는 것 같다'는 응답이 31.6%, '어느 정도 지키는 것 같다'는 응답이 47.8%였다. '전혀 지키지 않는다'는 응답은 0.1%, '별로 지키지 않는 것 같다'는 응답은 2.8%에 그쳤다. 펫티켓을 매우 잘 지킨다는 응답 비율은 2019년 20.1%에서 2021년 31.6%로 11.5%P 증가했다.

하지만 비반려인의 생각은 완전히 달랐다. 반려견 미양육자의 경우 단 2.1%만 '반려견 소유자가 준수 사항을 매우 잘 지키는 것 같다'고 응답했다. 반려견 양육자 응답률(31.6%)의 1/15 수준이다. '어느 정도 지키는 것 같다'는 응답도 25.9%에 그쳤다. 반려견 미양육자 10명 중 4명은 '반려견 소유자가 펫티켓을 잘 지키지 않는다'고 생각하고 있었다. '별로 지키지 않는 것 같다'는 응답이 34.0%, '전혀 지키지 않는 것 같다'는 응답이 6.7%였다.

반려인과 비반려인은 펫티켓을 준수하지 않는 이유에서도 생각의 차이를 보였다.

반려견 미양육자는 미준수 이유로 '단속되는 경우가 드문 것 같

다(36.4%)'를 가장 많이 선택했다. 그 뒤를 '과태료가 약해서(19.2%)',
'본인의 반려견에 대한 과도한 믿음(15.5%)', '준수 사항이 과태료가
있는 의무 사항인지 몰라서(13.6%)' 등이 이었다. 정부의 대대적인
단속과 과태료 인상이 필요하다는 인식이 확인된다.

반면 반려견 양육자의 경우 '준수 사항 내용을 잘 몰라서
(25.8%)'가 1위를 차지했다. 그 뒤를 '단속되는 경우가 드문 것 같
다(20.1%)', '준수 사항이 과태료가 있는 의무 사항인지 몰라서
(16.5%)', '과태료가 약해서(14.4%)' 등이 이었다. 반려견 양육자의
9.3%는 '과도한 규정으로 준수 사항을 항상 지킬 필요는 없다'고
답하기도 했다(비반려인 1.9%).

이 같은 반려인과 비반려인의 동상이몽은 다른 조사에서도 확
인된 적이 있다. KB경영연구소의 '2021한국반려동물보고서'에서
도 비슷한 결과가 나온 것이다. KB경영연구소의 설문 조사에서
'주변에서 펫티켓을 잘 지키고 있는가'라는 질문에 반려동물 양
육가구는 80.8%가 동의했지만 비양육가구는 42.8%만 동의했다.

이런 차이가 나는 이유는 무엇일까? 아마도 일부 개념 없는 반
려인의 행동이 크게 다가오기 때문일 것이다. 예를 들어 반려견
의 배설물을 치우지 않는 반려인을 한 명만 봐도 강하게 머리에
각인되어 '반려인들은 기본 펫티켓도 안 지킨다'고 생각하게 될
수 있다. 이런 인식 차이는 반려인과 비반려인의 갈등으로 이어
지기도 한다. 일부 개념 없는 반려인 때문에 펫티켓을 잘 지키는

반려인까지 욕을 먹고 손가락질을 받는 경우가 종종 발생한다. 주변에 피해를 입히지 않기 위해 노력하는 대부분의 반려인은 이런 상황이 억울하기만 하다.

펫티켓 미준수로 비롯된 사고가 계속 늘고 반려인과 비반려인의 갈등도 심각해지다 보니 정부와 국회도 대책 마련에 나섰다. 그런데 상당수 정책이 '반려인 규제'에 초점을 맞추고 있는 것 같아 조금 우려스럽다.

규제 강화만이
답이 아니다

2022년 2월 11일, '목줄 길이 2m 제한'이 시행됐다. 2개월령 이상의 반려견과 외출할 때 목줄(가슴줄, 리드줄)의 길이를 2m 이내로 유지해야 하는 동물보호법 개정안이 유예기간을 거쳐 이날 적용된 것이다.

만약 목줄 길이를 2m 미만으로 유지하지 않았다가 적발되면 50만 원 이하의 과태료가 부과된다(1차 위반 20만 원, 2차 위반 30만 원, 3차 이상 위반 50만 원).

꼭 2m보다 짧은 목줄만 사용해야 하는 것은 아니다. 목줄 자체의 길이가 2m 이상이라도 반려견과 보호자 간 거리를 2m 이내로 유지하면 문제없다.

정부는 "미국에서도 일부 주에서 외출 시 목줄 길이를 6피트 (1.8m)로 제한하고 있고, 독일, 호주, 캐나다의 일부 주에서도 외출 시 목줄 길이를 2m 이내로 제한하고 있다."라며 제도의 정당성을 부여했지만 실효성에 의문이 남는다. 제도가 제대로 정착하려면 단속이 잘 이뤄져야 하는데 1m 99cm는 넘어가고 2m 1cm는 단속하는 게 현실적으로 가능할까? 오히려 목줄 길이를 놓고 반려인과 비반려인 간의 갈등만 유발하는 것은 아닐까 걱정된다. 목줄 길이를 2m 이내로 유지하고 있는데, 비반려인이 "목줄 길이가 길다."라며 짧게 잡으라고 지적하고, 반려인은 "2m 안 돼요. 직접 재보시던가요."라고 받아치는 상황이 벌어질 수도 있다.

목줄 길이 2m 제한과 함께 또 다른 제도도 시행됐다. 다중주택, 다가구주택 및 공동주택 내부 공용공간에서 반려견을 안거나 목덜미를 잡는 등 동물이 돌발 행동을 할 수 없도록 해야 한다는 규정이다. 쉽게 말해 빌라나 아파트의 복도, 엘리베이터, 계단 등에서 반려견을 꽉 잡고 있으라는 것이다. 정부는 "실내의 좁은 장소에서 목줄 또는 가슴줄을 착용하더라도 반려견을 통제하지 못해 위협적인 행동으로 사람을 놀라게 하거나 물림 사고를 일으킬 수 있다."라며 이 제도를 시행했다.

황당한 점은 주거용 오피스텔이나 기숙사는 다중주택, 다가구주택, 공동주택에 포함되지 않기 때문에 공용공간에서 반려견을

반려동물과 함께하다

안고 다니지 않아도 된다는 점이다. 아파트, 빌라의 복도에서는 반려견을 잡고 있어야 하지만 오피스텔과 기숙사에서는 그러지 않아도 된다니 혼란만 가중되지 않을까 우려된다.

정부와 국회는 계속해서 규제를 강화하는 쪽으로 움직이고 있다. 예를 들어 맹견의 경우, 외출 시 목줄·리드줄 말고 입마개까지 착용해야 하는데 입마개를 착용해도 어린이집, 유치원, 초등학교와 특수학교에는 들어갈 수 없다. 그런데 동물보호법이 전부개정되면서 이제는 노인복지시설, 장애인복지시설, 어린이공원, 어린이 놀이시설에도 출입할 수 없게 됐다.

또한 맹견을 양육하면 1년에 3시간씩 의무 교육을 받아야 하며, 책임보험 가입도 의무화되어 보험에 가입하지 않으면 300만 원 이하의 과태료가 부과된다. 게다가 2024년 4월부터는 맹견사육허가제까지 도입되어 맹견을 사육하려는 사람은 동물등록, 보험, 중성화수술 등을 요건으로 지자체 허가를 받아야 하고, 지자체는 맹견사육허가를 하기 전에 해당 맹견에 대한 기질평가를 시행한다. 기절평가를 통과하고 사육허가를 받아도 끝이 아니다. 만약 사람이나 동물을 공격해 다치거나 사망에 이르게 하는 등 결격사유가 생기면 사육허가가 철회되고 기질평가위원회의 심의에 따라 안락사까지 명령할 수 있다.

상황이 이쯤 되니 맹견보호자들은 "개 키우는 게 무슨 죄냐."라며 불만을 제기한다. 특히 반려견의 공격성은 품종보다 개체의 특성인 경우가 많은데 맹견 품종이라는 이유로 너무 많은 규제를 한다고 토로한다. 실제로 현행법은 진돗개조차 맹견으로 분류하고 있지 않으며 사회적으로 큰 이슈가 된 개 물림 사고의 경우에도 보스턴 테리어, 폭스 테리어 등 맹견이 아닌 품종이 많았다.

심지어 맹견보호자의 이러한 불만은 이제 일반 반려견 보호자에게까지 확대될 것으로 보인다. 동물보호법 전부개정안에 '맹견으로 지정된 품종이 아닌 개도 사람·동물에게 위해를 가하거나 공격성이 분쟁의 대상이 된 경우 기질평가를 받을 수 있고, 기질평가 결과에 따라 맹견으로 지정될 수 있다'는 내용이 담겼기 때문이다.

현행 동물보호법상 맹견 5종류

| 도사견과 그 잡종의 개 | 아메리칸 핏불 테리어와 그 잡종의 개 | 아메리칸 스태퍼드셔 테리어와 그 잡종의 개 | 스태퍼드셔 불 테리어와 그 잡종의 개 | 로트와일러와 그 잡종의 개 |

반려동물과 함께하다

즉, 포메라니안도 '맹견'으로 지정되어 외출 시 입마개를 하고 책임보험에 가입하며 보호자가 1년에 3시간씩 교육을 받아야 하는 일이 생기게 된다. 또한, 맹견으로 지정된 개가 사람 또는 동물을 공격하면 다시 기질평가를 받아야 하는데, 이때 안락사 명령이 떨어질 수 있다. 극단적으로 말해 '포메라니안도 공격성을 보이면 안락사될 수 있는 법'이 통과된 것이다. 참고로 맹견사육 허가를 받지 않거나 기질평가 명령에 따르지 않으면 1년 이하의 징역 또는 1천만 원 이하의 벌금형에 처해진다.

기질평가위원회도
걱정이다.

맹견 5종류 이외에 각 개체의 기질을 별도로 평가해서 관리하겠다는 취지는 100% 공감한다. 품종을 떠나 개체가 관리 기준이 되어야 하며, 보호자 및 양육 환경 평가가 필요하다는 것도 동의한다(동일한 기질을 가진 같은 품종의 개라도, 보호자에 따라 기질평가 결과가 달라질 수 있다. 같은 개도 누가 어떤 환경에서 어떻게 키우냐에 따라 관리 수준이 천차만별이기 때문이다. 예를 들어, A 보호자가 키울 때는 약물치료를 하지만, B 보호자의 경우에는 안락사 판단이 내려질 수 있다).

문제는 '과연 우리나라에 기질평가를 제대로 할 수 있는 전문가가 얼마나 있느냐'는 점이다.

개정된 법안에 따르면 기질평가위원회는 각 광역지자체에 설치되어, 맹견의 기질평가, 인도적인 처리(안락사) 여부 판단, 맹견이 아닌 개에 대한 기질평가 등을 수행하게 된다. 위원회는 위원장 1명을 포함해서 3명 이상의 위원으로 구성되는데, 기질평가 위원이 될 수 있는 자격조건은 아래와 같다.

1. 수의사로서 동물의 행동과 발달 과정에 대한 학식과 경험이 풍부한 사람
2. 반려동물행동지도사(국가자격을 취득한 훈련사)
3. 동물복지정책에 대한 학식과 경험이 풍부하다고 시·도지사가 인정하는 사람

동물행동의학이 태동한 지 오래되지 않은 우리나라에서는 '동물행동'에 대한 학식과 경험이 풍부한 수의사가 손에 꼽힌다. 반려동물행동지도사 제도는 2022년 현재 시행되지도 않았다.

이런 상황에서 서울시, 경기도 등 각 광역지자체가 과연 별도의 위원회를 제대로 구성할 수 있을지 의문이다.

개의 행동 분석은 단순하지 않다. 전반적인 히스토리 파악부터 감별질환 배제, 사고 정황 분석, 자극원 판별, 치료계획 수립 및 예후판정까지 종합적으로 이뤄져야 한다. 한 번 봐서는 불가

반려동물과 함께하다

능하고, 한 명이 결정할 수도 없다. 수의사라도 그냥 수의사가 아니라 특별히 전문 교육을 받은 수의사가 기질평가를 해야 하는데, 우리나라는 전문가 풀이 너무 부족하다. 이런 상황에서 졸속으로 제도가 시행되면, 비전문가들이 비전문적인 기질평가를 할 가능성이 크다.

비전문가로 구성된 기질평가위원회에서 '안락사'를 결정했다고 치자. 과연 보호자가 납득하고 순응할까? 받아들이지 않고 소송을 하지 않을까? 경기도 기질평가위원회를 믿지 못한다며, 서울시 기질평가위원회에서 다시 기질평가를 받겠다고 주장하지는 않을까?

기질평가 제도 도입은 법으로 확정됐다. 시행까지 시간이 남은 만큼 발생할 수 있는 부작용을 최소화할 수 있는 구체적인 노력이 지금 시작되어야 한다.

개 물림 사고 등 펫티켓 관련 사고가 사회적으로 큰 문제가 되고 이슈가 되고 있다는 점을 잘 알고 있다. 하지만 일부 개념 없는 반려인을 제외한 대부분의 보호자는 기존의 동물보호법과 펫티켓 규정만으로도 충분히 반려동물을 잘 양육한다는 게 개인적인 생각이다. 반려인과 비반려인의 갈등을 줄이기 위한 규제 정책이 오히려 갈등을 더 많이 일으키지는 않을까 하는 우려가 기우에 그치길 바랄 뿐이다.

반려동물로
산다는 것

반려동물은
물건이 아니다

물건인 듯 물건 아닌,
물건 같은 반려동물

"우리나라에서 동물은 물건이다."

이 말을 한 번쯤은 들어보았을 것이다. 동물의 법적 지위에 대한 이야기인데 우리나라에서는 동물이 생명이 아니라 물건으로 취급된다는 뜻이다.

우리나라 민법은 '인간'과 '물건' 이분법적 체계를 가진다. 민법 제98조(물건의 정의)는 "물건이라함은 유체물(有體物) 및 전기 기타 관리할 수 있는 자연력을 말한다."라고 규정하고 있는데 동물은 인간이 아니면서 '유체물'에 해당하기 때문에 법적으로 물건에 해당한다.

여기서 혼란이 발생한다. 법적으로는 물건이라고 해도 정말 살아있는 동물을 물건처럼 취급할 수 있을까?

만약 내가 다른 사람의 스마트폰을 부쉈다면 원칙적으로 스마트폰 가격을 물어주면 된다. 손해배상은 원칙적으로 물건의 훼손·멸실 당시의 수리비나 교환가격에 한정되기 때문이다(통상손해). 그렇다면 다른 사람의 반려견을 죽였을 때도 분양가격만 물어주면 되는 것일까? 민법상 동물의 법적 지위만 고려하면 '그렇다'. 그런데 실제 판결은 그렇지 않다.

법원은 재산적 손해배상으로도 회복될 수 없는 정신적 고통이 있다면 이를 '특별한 손해'로 본다. 돈으로 해결할 수 없는 정신적 고통까지 고려하는 것인데 반려동물이 여기에 해당된다.

반려동물이 다치거나 죽은 사건에 대한 여러 판례를 보면, 법원은 반려동물의 실질적 교환가치(분양가격) 이상의 치료비를 인정하고 보호자의 정신적 고통에 따른 위자료까지 인정한다. 반려동물에 대해 1천만 원 이상의 위자료를 인정한 판결도 있다. 동물이 생명을 가지고 있고 보호자와 정서적으로 유대감을 형성한다는 점에서 스마트폰 같은 '단순한 물건'과 다르게 보는 것이다. 법적으로는 '물건'인데 실제 판례는 그렇지 않다 보니 동물의 법적 지위에 대해 '물건인 듯 물건 아닌, 물건 같은 동물'이라는 우스갯소리까지 등장했다.

그렇다면 해외 선진국은 어떨까? 독일, 스위스, 오스트리아는 민법에 '동물은 물건이 아니다'라고 명시하고, 사람, 물건, 동물로 분류하는 삼분법적 체계를 확립했다. 동물을 사람과 동일시하는 게 아니라, 사람, 물건의 이분법적 체계에서 '동물'이라는 카테고리를 추가해 삼분법적 체계를 만든 것이다.

몇 년 전부터 우리나라도 독일, 스위스, 오스트리아처럼 민법을 개정해 삼분법적 체계를 마련해야 한다는 목소리가 높아졌다. 동물과 함께 살아가는 사람들이 늘어나고 동물의 복지와 권리에 대한 관심이 점점 커지는 만큼, 동물도 법적으로 생명이라고 봐야 한다는 주장이 점차 설득력을 얻은 것이다. 민법을 개정하려는 움직임도 여러 차례 있었다. 동물을 인간과 물건이 아닌 '제3의 객체'로 인정하는 민법개정안이 발의되고, 민법 제98조에 대한 위헌법률심판 제청도 있었으며 법무부 산하 제3기 민법개정위원회에서 민법 제98조의2(동물의 법적 지위) 및 민법 제752조의2(동물의 살상 시 손해배상)를 추가한 시안이 발표되기도 했으나 실제 민법 개정으로 이어지지는 않았다.

동물의 법적 지위 향상이
현실이 된 순간

2021년 큰 사건이 있었다. 법무부가 직접 민법 개정에 나선 것이다. 법무부는 2021년 7월 "동물은 물건이 아니다."라고 규정하는 민법개정안(제98조의2 신설)을 입법예고했다. 당시 법무부는 "그동안 동물학대에 대한 처벌이나 동물피해배상이 충분치 않은 근본적인 이유로 동물이 법체계상 물건으로 취급받고 있기 때문이라는 지적이 있었다. 동물에 대한 비인도적 처우의 개선 등 생명존중 인식이 확산되고 있고, 반려동물 유기행위나 잔인한 학대행위가 사회적 문제로 대두되고 있다."라며 민법 개정의 취지를 설명했다.

또한 "이번 개정안이 통과되면 동물은 물건이 아닌 동물 그 자체로서의 법적 지위를 인정받게 된다. 장기적으로 동물학대 처벌이나 동물피해에 대한 배상 정도가 국민의 인식에 보다 부합하는 방향으로 변화할 것"이라며 "사법의 기본법인 '민법'의 지위를 고려할 때 우리 사회가 동물과 사람을 막론하고 생명을 보다 존중하게 될 것이고, 동물보호나 생명존중을 위한 다양하고 창의적인 제도가 제안될 수 있다."라고 덧붙였다.

이런 움직임은 법무부의 TF 회의에서 먼저 감지됐다. 법무부는 급격히 증가하는 1인 가구에 따라 기존의 다인 가구 중심의 법 제도를 개선하기 위해 사공일가(사회적 공존, 1인 가구) TF를 구성해 다양한 논의를 진행해왔는데, 사공일가 TF에서 '반려동물의 법적 지위 개선'이 의제로 선정되어 논의된 것이다. 건축가, 작가, 인문학 교수, 다큐 PD 등 다양한 배경의 개방형 민간위원단으로 구성된 사공일가 TF 위원에는 여러 명의 변호사와 독일에서 동물법을 공부한 법학박사도 포함되어 있었다.

이 회의에서 법무부는 "현행 민법상 동물은 단순한 물건에 해당하여 소유권의 객체에 불과하며 민사집행법상 동물에 대한 압류도 가능하다. 1인 가구의 증가 등으로 반려동물 문화가 자리잡으며 동물의 근본적인 법적 지위 개선의 필요성이 제기된다."라고 의제 선정 이유를 밝혔다. TF 위원들은 "동물에 대한 압류 등으로 동물의 생명이 위협받을 수 있다."라며 "민법 98조가 규정하는 유체물(물건)의 정의에서 동물을 구분하고 강제집행·담보물권의 대상에서 제외해야 한다."라고 의견을 모았다.

법무부는 사공일가 TF 회의 후 "TF에서 나온 의견을 토대로 전문가들과 일반 국민의 의견을 추가적으로 수렴해 법안을 만들어나갈 계획"이라고 밝혔으며 실제로 몇 달 뒤 민법개정안을 입법예고했다.

민법개정안이 발의되자 여기저기서 환영의 목소리가 흘러나왔다. 동물단체는 물론 수의사회도 "동물의 건강권이 법적으로 보다 확실히 명시되어야 한다. 개정안이 하루빨리 통과되길 바란다."라고 입장을 밝혔다. 심지어 동물의 법적 지위 향상에 따른 규제로 피해를 볼 수 있는 산업계에서도 "동물의 법적 지위가 향상된다는 점에서는 의미가 크다."라고 평가했다. "법이 그 목적과 취지대로 운영돼야지 산업을 규제하는 수단으로 악용되어서는 안 될 것"이라는 단서도 있었지만 말이다.

반려동물과 함께하다

"동물은 물건이 아니다." 민법개정안은 입법예고 두 달 만에 청와대 국무회의를 통과했다. 당시 청와대는 "현행법에는 동물이 물건으로 취급되고 있어 동물학대에 대한 합당한 처벌과 충분한 피해 배상이 이루어지지 못했다. 개정안은 동물을 생명체로 인정하는 내용을 담고 있다."라고 설명했다.

국무회의 통과 이후 공은 국회로 넘어갔다. 하지만 2022년 8월까지 민법개정안이 발의된 지 10개월이 넘도록 단 한 번의 논의조차 진행되지 않았다. 법안이 상임위에 상정되지도 못한 것이다. 대통령 선거, 코로나19 등 큰 이슈들이 많았다고 하더라도, 너무 뒷전으로 밀린 것 같아 아쉽다. 개인적으로 '동물을 물건이 아니다' 민법 개정에 대한 사회적 합의는 끝났다고 본다. 민법 개정은 시간문제이고, 상임위에 상정되는 순간 본회의까지 한 번에 통과될 것이라고 예상된다. 국회가 하루빨리 개정안 논의를 시작해, 동물권에서 숙원처럼 여겨진 '동물의 법적 지위 향상'을 현실로 만들어주길 바란다.

동물의 '비물건화'
이제 시작일 뿐

그렇다면 민법 개정으로 동물의 법적 지위와 관련된 문제가 한 번에 해결될까? 아쉽게도 그렇지 않다.

민법 개정안은 제98조의2에 "동물은 물건이 아니다."라고 명시했다(제1항). 깔끔하고 명쾌하다. 그런데 제2항에서 '법률에 특별한 규정이 있는 경우를 제외하고는 물건에 관한 규정을 준용'하도록 규정했다. 즉, 별도의 추가적인 입법이 없으면 동물은 여전히 물건으로 취급되는 것이다. 이 때문에 "동물은 물건이 아니다."라고 민법에 명시됐음에도 당장 피부에 와닿는 변화는 없을 가능성이 크다.

2항과 같은 별도의 규정을 만든 이유는 동물이 물건이 아니게 되면서 발생할 수 있는 여러 가지 혼란을 방지하기 위해서다. 예를 들어 동물보호법에는 '동물판매업'이 존재한다. 동물을 분양·입양하려면 동물보호법상 '동물판매업'으로 등록한 업체에서 법에 규정된 절차와 방법에 따라 동물을 분양·입양해야 한다. 그런데 다른 법의 기본이 되는 '민법'에서 '동물은 물건이 아니다'라고 정해버리고 별도의 규정을 두지 않으면 당장 동물의 판매(분양·입양)는 민법에 위배되어 버린다. 이런 부작용을 예방하기 위해 "법률에 특별한 규정이 있는 경우를 제외하고는 물건에 관한 규정을 준용한다."라는 단서를 달아놓은 것이다.

그래도 실망하지는 말자. 사법의 기본이 되는 민법이 바뀌는 만큼 조금씩 변화가 생길 것이다.

우선, 민사집행법상 강제집행의 대상에서 동물이 제외될 수 있을 것으로 보인다. 과거 민법상 동물은 물건에 해당하므로 원

반려동물과 함께하다

칙적으로 강제집행의 대상에 포함된다. 일례로, 지난 2020년 서울 강남의 한 동물병원이 월세를 미납해 건물주로부터 민사소송을 당하고 패소한 사건이 있었다. 당시 건물주는 법원을 통해 강제집행 절차에 들어갔다. 병원이 사전에 동물을 다른 곳으로 보호조치 하지 못한 상황에서 법원 집행관들이 병원 안으로 진입했다. 현실적으로 동물을 옮길 곳이 없어서 실제 집행은 이뤄지지 않았지만, 당시 집행관들이 동물을 강제집행해도 아무런 법적 문제가 없었다.

이혼 시에도 반려동물에 대한 강제집행이 벌어지곤 한다. 반려동물을 함께 키우던 부부가 이혼 과정에서 소송을 하면, 반려동물도 재산분할 대상이 되고 소유권을 두고 분쟁이 생기면 강제집행 대상이 될 수 있다. 법적으로 물건이기 때문이다. 하지만, 민법이 개정되면 이런 일도 없어지지 않을까 기대된다.

둘째, 동물학대 등 동물의 생명이나 신체에 대한 침해 시 보호자의 정신적 손해배상책임(위자료)이 더 크게 인정될 것으로 보인다. 손해배상 청구소송에서 위자료 액수는 판사의 재량에 달려있는데 민법이 "동물을 물건이 아니다."라고 천명하면 동물과 관련한 손해배상 소송의 위자료가 상향될 것으로 예상된다.

형사소송에서도 동물학대 처벌이 강화될 수밖에 없다. 위자료 상향과 동물학대 처벌 강화는 모두 추가 입법 없이 생길 수 있는 변화다.

그리고 무엇보다 동물을 생명으로 여기는 인식이 확산하고 동물보호복지에 대한 국민적 기대수준이 향상될 것이다. 그럼 동물 관련 법률 개정과 제정도 탄력받지 않을까? 동물보호법, 실험동물법, 동물원수족관법, 야생생물법, 가축전염병예방법, 축산법 등은 '동물의 법적 지위를 고려한 방향'으로 개정될 테고 동물이 물건일 때는 상상할 수 없었던 새로운 동물 관련 법이 생길 수도 있다.

우리나라에서 동물의 '비물건화'는 이제 시작이다. 민법이 개정된다고 '다 됐다'고 생각하면 안 된다. 모든 동물이 물건이 아니라 진정한 생명으로 취급되는 그날까지 동물의 법적 지위에 관심을 가져야 할 것이다.

반려동물과 함께하다

동물 촬영의 어두운 이면,
학대 논란

드라마 촬영장에서 생긴
비극

또 죽었다. KBS 대하드라마 〈태종 이방원〉 촬영에 동원됐던 말이 큰 부상을 입고 사망하는 일이 발생했다. 낙마 장면 연출을 위해 말 앞다리에 줄을 걸어 강제로 넘어뜨렸는데, 이때 말과 스턴트맨이 모두 큰 부상을 당했다. 말의 몸체가 90도 가량 들리며 머리가 바닥에 곤두박질치는 장면이 그대로 공개되자 많은 사람들이 격분했다. 청와대 국민청원은 물론 SNS에도 KBS 촬영팀을 비난하는 글들이 쏟아졌다.

KBS 측에서 말의 사망 사실을 공식 발표하기 전, 말 전문 수의사들은 해당 장면을 보고 '큰 부상이 일어났을 가능성이 크다'며

입을 모았다. 통상적으로 말이 달리다 넘어지는 경우와 달리, 말이 넘어질 가능성을 전혀 인지하지 못한 상태에서 갑자기 넘어졌으며 화면상에 보이는 바닥도 불규칙해 부상 위험이 더 높았을 것이라 설명했다. 전문가들의 예상대로 말은 부상 당한 지 일주일 만에 사망하고 말았다.

"촬영 중 벌어진 사고에 대해 책임을 깊이 통감하고 사과드린다."

"며칠 전부터 사고에 대비해 준비·확인하는 과정을 거쳤지만 이런 노력에도 불구하고, 실제 촬영 당시 배우가 말에서 멀리 떨어지고 말의 상체가 땅에 크게 부딪히는 사고가 발생했다."

"사고 직후 말이 스스로 일어나 외견상 부상이 없다는 점을 확인한 뒤 돌려보냈지만, 촬영 후 1주일쯤 뒤에 말이 사망했다는 사실을 뒤늦게 확인했다."

"사고를 방지하지 못하고 불행한 일이 벌어진 점에 대해 거듭 사과한다. 깊은 책임감을 갖지 않을 수 없다."

KBS는 위와 같이 발표하며 여러 차례 사과하고 재발 방지를 약속했다. 그런데 KBS가 드라마 촬영 시 동물학대 논란에 휩싸인 건 이번이 처음이 아니었다.

　　　　　　　　　　　　　　　　　반려동물과 함께하다

카메라 뒤에서
죽어가는 동물들

지난 2014년 드라마 〈연애의 발견〉에서 동물학대 논란이 발생한 적이 있다. 〈연애의 발견〉 1회에서 술에 취한 여자 주인공이 길에서 우연히 토끼를 발견한 뒤 집으로 데리고 와 샤워기로 목욕시키는 장면이 그대로 방영됐는데 난리가 났다. 몸을 완전히 적시는 목욕이 토끼에게는 금물이기 때문이다.

토끼는 그루밍을 통해 몸을 깨끗이 유지한다. 그래서 샤워나 목욕 자체가 불필요하고 몸을 씻길 필요가 있을 때는 젖은 수건이나 동물용 물티슈로 특정 부분만 닦아주는 것이 추천된다. 토끼 자체가 물을 싫어해서 온몸이 젖는 방식의 샤워나 목욕에 큰 스트레스를 받고 저체온증이나 감기에도 잘 걸린다. 또한 큰 귀와 계속해서 움직이는 코로 물이 들어가 감염으로 이어지기도 한다. 이런 토끼의 습성을 잘 아는 시청자들이 KBS와 드라마 제작사에 항의했는데 제작진의 첫 대응이 매우 미흡했다.

제작진은 "토끼를 물로 목욕시키면 안 된다는 사실을 모르지 않았고 촬영 전에 철저하게 준비를 했으며, 토끼에게도 전혀 문제가 없다."라고 해명했다. 또한 "토끼는 남녀 주인공의 과거를 떠올리는 매개이므로 2회 방송을 보면 오해나 논란이 풀릴 것"이라고 설명했다.

토끼에게 목욕은 금물인데 알고도 그랬다니 더 이해할 수 없는 해명이었다. 시청자들의 항의는 더욱 거세졌고, 동물단체는 제작사를 동물학대 혐의로 경찰에 고발했다.

결국 제작진은 "어떤 이유에서든 어린 토끼를 물로 씻기고 결과적으로 완전히 젖게 만든 것은 제작진의 무지와 부주의의 결과임을 통감한다."라며 "해당 장면이 시청자들에게 토끼의 케어에 대한 그릇된 정보와 지식을 줄 수 있다는 점, 어린 생명을 다루는 올바른 방식이 아니었다는 지적을 겸허히 받아들이고 동물을 사랑하는 많은 시청자분들께 불편함을 드리게 된 점을 깊이 사과드린다. 향후 동물과 관련된 제작과 표현에 더욱 세심한 주의와 배려를 다 할 것을 약속드린다."라고 사과했다.

제작진 사과문

지난 1회 방송 중 길에서 주워온 토끼를 씻기는 장면과 관련하여 많은 시청자분들로부터 동물의 취급에 대한 지적과 우려가 있었습니다. 토끼는 〈연애의 발견〉에서 1회성 소품이 아닌 극중 인물들을 잇는 중요한 매개체입니다. 또한 아끼고 보호되어야 할 소중한 생명체임도 잘 인지하고 있습니다.
그러나 어떤 이유에서든 어린 토끼를 물로 씻기고 결과적으로 완전히 젖게 만든 것은 제작진의 무지와 부주의의 결과임을 통감합니다. 제작진은 해당 장면이 시청자들에게 토끼의 케어에 대한 그릇된 정보와 지식을 줄 수 있다는 점, 어린 생명을 다루는 올바른 방식이 아니었다는 지적을 겸허히 받아들이고 동물을 사랑하는 많은 시청자분들께 불편함을 드리게 된 점을 깊이 사과드립니다.
아울러 향후 동물과 관련된 제작과 표현에 더욱 세심한 주의와 배려를 다 할 것을 약속드립니다.

– 〈연애의 발견〉 제작진 일동

〈연애의 발견〉 제작진 사과문 이미지   ⓒKBS 〈연애의 발견〉 홈페이지

반려동물과 함께하다

제작진의 사과에도 논란은 쉽게 사그라지지 않았다. 토끼 치료 경험이 풍부한 수의사들이 해당 장면을 보고 '토끼가 죽었을 가능성이 크다'는 의견을 제시하자, 동물단체가 제작사와 KBS에 토끼의 생존 여부 확인을 요구했다. 하지만 제작사는 "토끼가 죽었는지 살았는지에 대한 여부를 확인할 필요성을 느끼지 못하며, 확인하지 않을 방침"이라고 밝혔다. 많은 사람들이 '과연 토끼가 잘 살아있고 잘 관리되고 있다면 생사 여부 확인을 거부했을까?'라며 의구심을 제기했지만 토끼의 생사 여부는 끝내 알려지지 않았다.

2012~2013년에 방영된 KBS 대하사극 〈대왕의 꿈〉에서도 말이 사망하는 사건이 있었다. 드라마 방영 당시에는 이 사건이 알려지지 않았으나 〈대왕의 꿈〉에 출연했던 배우 최수종 씨가 예능 프로그램에서 "땅이 얼어있는 겨울에 말을 타는 장면을 촬영하던 중 낙마 사고를 당해 큰 부상을 입어 쇄골뼈, 손뼈 등이 산산조각이 났고 당시 탔던 말은 죽었다."라고 경험을 소개한 바 있다.

물론 〈태종 이방원〉, 〈연애의 발견〉, 〈대왕의 꿈〉의 제작사는 다르다. 하지만 KBS에서 방영된 드라마에서 계속해서 동물학대 논란이 발생함에도 달라진 것이 없고, 2022년에도 촬영 중에 동물이 죽는 일이 또 반복되어야 하는지 안타까울 뿐이다.

No Animals Were Harmed®에
숨은 뜻

〈태종 이방원〉 말 사망 사건이 사회적 파장을 불러일으키자 KBS 와 정부가 대책 마련에 나섰다. 우선 KBS는 공식 사과를 하고 동물 출연 관련 방송제작 가이드라인을 발표했다.

KBS는 "프로그램 제작 전반에서 다시는 이러한 사고가 발생하지 않도록 생명윤리와 동물복지 인식을 개선하고 출연동물의 안전을 보장하기 위한 제작 가이드라인 조항을 새롭게 마련했다." 라고 설명했다.

KBS가 공개한 가이드라인은 모든 프로그램에 동물이 출연할 때 동물학대를 예방하고 보호하여야 한다는 기본 원칙을 제시했다. 또한 동물이 신체적으로 위험에 처하거나 정서적 스트레스를 받을 수 있는 장면을 연출할 때는 실제 동물의 연기는 최소화하고 최대한 CG작업을 통해 구현하도록 했다. 살아있는 동물에게 인위적으로 상해를 입히거나 동물을 죽음에 이르게 하거나 산 채로 먹는 등 동물보호법상 금지된 학대행위를 연출하지 않아야 한다는 점도 명시했다.

그뿐만 아니라 위험요소가 예상되는 촬영에는 반드시 수의사를 상주하도록 하고, 출연 동물의 이상이 발견될 시 가능한 한 빨리 동물병원으로 이동해 치료하도록 했다. 말의 이력 사항, 개·고양이의 백신 접종여부를 사전에 확인해야 하는 내용도 담겼다. 이외에도 역사극 등 다수의 말이 필요할 때는 말 관련 촬영을 전체적으로 관장하는 책임자를 두도록 했으며, 촬영 현장에서 비정상적·반사회적 구속을 하지 않고 동물을 때리는 등 폭력이 발생하지 않아야 함을 강조했다. 촬영 현장에서 동물이 탈출하는 것을 방지하고 사고나 탈출이 발생한 경우 동물의 안전한 포획을 대비하는 계획도 마련해야 한다는 점 또한 명시했다.

마지막으로 동물이 위험한 장면을 연기한 드라마에는 "동물 연기 장면은 제작 가이드라인을 준수하여 촬영하였습니다."라는 안내 문구를 삽입할 것을 권장했다. 외국 영화 엔딩 크레딧에서 볼 수 있는 'No Animals Were Harmed®' 문구를 국내 드라마에서도 사용하자는 것이다.

동물이 출연한 할리우드 영화 엔딩 크레딧에 종종 등장하는 문구가 있다. 바로 'No Animals Were Harmed®' 문구다. AHA(American Humane Association)에서 마련한 '영화 촬영 시 동물의 안전한 사용 가이드라인'을 준수했다는 의미이고, 이 영화를 촬영하면서 어떠한 동물도 해를 입지 않았다는 것을 뜻한다. 해당 가이드라인은 무려 132페이지에 이를 정도로 방대하다. No Animals Were Harmed 공식 홈페이지(humanehollywood.org)에 들어가 보면, 최근 개봉한 영화 중 AHA의 동물 촬영 가이드라인 준수 인증을 받은 영화 리스트를 모두 확인할 수 있다.

AHA 가이드라인의 존재를 알게 된 이후 동물이 출연한 외국

할리우드 영화 엔딩 크레딧에서 볼 수 있는 No Animals Were Harmed® 문구 이미지

영화를 본 뒤에 엔딩 크레딧을 끝까지 확인하는 습관이 생겼다. No Animals Were Harmed® 문구가 나오는지 보기 위해서다. 그리고 그 문구를 봤을 때 '아 출연한 동물들이 다치지 않았구나'하는 안도감이 생긴다. 지난 2018년 영화 〈베일리 어게인〉 시사회에 초대받아 일반 관객들보다 먼저 영화를 볼 기회가 생겼다. 영화가 끝난 뒤 혼자 끝까지 남아 엔딩 크레딧을 보고 있자 한 관계자가 "뭘 그렇게 열심히 보세요?"라고 물었다. 마침 그때 'No Animals Were Harmed®' 문구가 나왔고 안도감을 느끼며 관계자에게 "아, 아닙니다. 정말 좋은 영화네요."라고 답했다.

반려동물과 함께하다

KBS의 사과와 재발 방지 약속이 진정성을 가지려면 앞으로 동물이 출연하는 드라마 촬영 시 가이드라인을 반드시 준수해야 할 것이다. 영화 엔딩 크레딧에서 No Animals Were Harmed® 문구를 찾는 것처럼 KBS 드라마를 볼 때도 "동물 연기 장면은 제작 가이드라인을 준수하여 촬영하였습니다."라는 문구를 기다리는 날이 오게 될까?

동물학대 예방하는
'출연동물 보호 가이드라인'

정부도 대책 마련에 나섰다. 농림축산식품부는 2022년 1월, 프로그램 제작사 등이 출연 동물의 보호를 위해 미디어 촬영현장에서 고려해야 할 '출연동물 보호 가이드라인'을 마련할 계획이라고 밝혔다.

가이드라인은 기본 원칙, 촬영 시 준수 사항, 동물의 종류별 유의 사항을 골자로 한다. 기본 원칙은 '살아있는 동물의 생명권을 존중하고 소품으로 여겨 위해를 가하지 않아야 한다'이며, 위험한 장면의 기획·촬영 시 CG 등 동물에 위해를 최소화할 수 있는 대안 검토 및 안전조치 강구, 보호자·훈련사·수의사 등 현장 배치, 동물 특성에 맞는 쉼터, 휴식시간, 먹이 제공 등의 세부내용이 담기게 된다.

출연동물 보호 가이드라인 마련을 위해 영상 및 미디어 관련 업계와 동물 행동·진료 등 각계 전문가들로 구성된 민관 협의체도 구성했다.

협의체는 농림축산식품부, 방송통신위원회, KBS, TV조선, JTBC, 채널A, MBN, 한국방송협회, 한국케이블TV방송협회, 한국방송채널진흥협회, 한국드라마제작사협회, 한국독립PD협회, 한국PD연합회, 동물자유연대, 동물권행동 카라, 한국애견연맹, 한국애견협회, 한국마사회, 서울대 수의대 교수 등 약 20명이 참여한다.

강력한 규제를 요구하는 동물단체와 방송 제작 현실을 고려해야 하는 영상·방송 매체 관계자들 간의 의견 조율이 관건으로 보인다.

정부는 가이드라인 제작과 함께 동물보호법 개정도 추진한다. 「동물보호법」에 따라 금지되는 동물학대 행위의 범위에 출연동물과 관련된 내용을 좀 더 구체화하고, 촬영, 체험, 교육을 위해 동물을 대할 때 동물의 적절한 보호관리를 위한 관계자 준수사항을 법령에 명시하는 방안을 검토 중이다.

그런데 정부는 왜 법 개정을 추진하는 것일까? 혹시 동물단체에 의해 고발된 촬영 책임자와 와이어를 잡아당긴 스텝들을 현행법으로 처벌할 수 없기 때문일까?

현행 동물보호법에 따라, 아래와 같은 동물학대 행위를 통해 동물을 죽음에 이르게 하면 3년 이하의 징역 또는 3천만 원 이하

빈려동물과 함께하다

의 벌금에 처하게 된다.

1. 목을 매다는 등의 잔인한 방법으로 죽음에 이르게 하는 행위
2. 노상 등 공개된 장소에서 죽이거나 같은 종류의 다른 동물이 보는 앞에서 죽음에 이르게 하는 행위
3. 동물의 습성 및 생태환경 등 부득이한 사유가 없음에도 해당 동물을 다른 동물의 먹이로 사용하는 행위
4. 그 밖에 사람의 생명·신체에 대한 직접적인 위협이나 재산상의 피해 방지 등 정당한 사유 없이 동물을 죽음에 이르게 하는 행위

이 중 제1~3호는 적용하기 어렵다는 게 전문가들의 의견이다. 발에 밧줄을 묶어 넘어뜨린 행위를 "목을 매다는 등의 잔인한 방법"이라고 보기 어렵고 "노상 등 공개된 장소"에서 말을 바로 죽이거나 다른 말 앞에서 죽인 게 아니며, 다른 동물의 먹이로 사용한 것도 아니기 때문이다. 만약 처벌된다면 그나마 가능성 있는 것이 제4호(정당한 사유 없이 죽음에 이르게 하는 행위)다.

〈태종 이방원〉 관계자들은 정당한 사유 없이 동물을 죽음에 이르게 했다고 볼 수 있다. 드라마 촬영 상황은 사람의 생명·신체를 위협하거나 재산에 피해가 생기는 상황이라고 보기 어렵기

때문이다. 만약, 이마저 적용하지 못한다면 말을 '죽음에 이르게 한 행위'에 대해서는 동물보호법 위반으로 처벌할 수 없다.

그렇다면 혹시, 말의 '죽음'이 아니라 말을 '다치게 한 행위'로는 처벌할 수는 없을까? 현행 동물보호법에 따라 동물을 학대하면 2년 이하의 징역 또는 2천만 원 이하의 벌금에 처하는데, 이에 해당하는 행위는 아래와 같다.

1. 도구·약물 등 물리적·화학적 방법을 사용하여 상해를 입히는 행위
2. 살아 있는 상태에서 동물의 몸을 손상하거나 체액을 채취하거나 체액을 채취하기 위한 장치를 설치하는 행위
3. 도박·광고·오락·유흥 등의 목적으로 동물에게 상해를 입히는 행위
4. 부득이한 사유나 질병 예방·치료, 사육·훈련 등의 목적 없이 동물의 몸에 고통을 주거나 상해를 입히는 행위

이 중에서 도구·약물 등 물리적·화학적 방법을 사용하여 상해를 입히는 행위(제1호), 도박·광고·오락·유흥 등의 목적으로 동물에게 상해를 입히는 행위(제3호)가 적용될 수 있다. 말의 다리에 밧줄을 묶어놓은 것은 말의 기본적인 습성에 배치되는 행위다. 제1호는 질병의 예방이나 치료, 동물실험, 긴급상황에서는 적용

반려동물과 함께하다

되지 않는데 낙마 장면 촬영은 이와 상관이 없기 때문에 '도구 등 물리적 방법을 사용하여 상해를 입히는 행위'에 해당할 가능성이 꽤 있다.

제3호도 적용될 가능성이 있다는 게 전문가들의 의견인데 제 3호가 적용되기 위해서는 방송촬영이 '도박·광고·오락·유흥 등'에 포함되어야 한다. 드라마 촬영이 도박·광고·오락·유흥이라고 볼 수는 없지만 TV를 통해 불특정 다수의 사람에게 유희를 제공하기 위한 것이라는 점에서 광고나 오락과 규범적 가치가 동등하거나 그에 준한다고 볼 수도 있다는 게 전문가의 의견이다.

촬영 가이드라인 준수, 선택 아닌 필수

이제라도 KBS와 정부가 대책 마련에 나섰다는 점, 그리고 〈태종 이방원〉 관계자들이 현행 동물보호법으로도 처벌될 가능성이 있다는 점은 그나마 다행이다. 하지만, 여전히 화가 나는 부분이 있다. 이미 동물 촬영 가이드라인이 우리나라에 있었고, 이 가이드만 잘 지켰어도 발생하지 않았을 사건이라는 점이다.

동물권행동 카라는 지난 2020년 동물 출연 미디어 가이드라인을 발간했다. AHA의 No Animals Were Harmed® 문구처럼 가이드라인 타이틀을 '어떠한 동물도 해를 입지 않았습니다'로 정했다.

동물권행동 카라 동물 출연 미디어 가이드라인
'어떠한 동물도 해를 입지 않았습니다'

ⓒ 카라 홈페이지

이 가이드라인은 일반 원칙부터 프리프로덕션 단계, 프로덕션 단계, 촬영의 세부원칙을 담고 있는데 주요 내용은 다음과 같다.

반려동물과 함께하다

- 영화 제작을 위해 어떤 동물도 죽거나 다치면 안 된다.
- 현장스태프와 출연진에게 미디어 가이드라인을 반드시 공지하고 배포한다.
- 촬영 전에 출연 배우, 담당 스태프를 대상으로 설명회를 진행한다.
- 동물과 함께 연기하는 배우는 출연 동물에 따라 적합한 사전 훈련을 받고, 연기자와 동물 모두의 안전을 위해 충분한 시간을 들여 필요한 훈련과 준비가 되어있어야 한다.
- 동물의 보호자, 훈련사, 필요에 따라 수의사가 촬영 현장에 있어야 한다.
- 동물의 촬영시간은 1일 최대 8시간을 넘지 않아야 한다.
- 동물은 촬영 사이, 촬영이 시작되기 전, 촬영이 끝났을 때 충분히 쉴 수 있어야 하며 1시간마다 충분한 급수와 휴식을 제공해야 한다.
- 촬영장에서 동물의 상태는 주의 깊게 관찰되어야 하며 건강상태가 나빠지거나 병에 걸린 경우 다른 동물과 격리하여 보호되고 가능한 빨리 촬영장에서 철수해야 한다.
- 동물 촬영을 할 때 너무 더운 시간이나 너무 추운 시간을 피하며 훈련사와 수의사와 상의하여 테이크 수와 촬영지속 시간을 적절하게 제한해야 한다.
- 위급한 상황을 대처할 수 있도록 촬영 현장 근처 동물병원 위치를 사전에 파악하고 현장이 동물병원으로부터 차로 1시간 이상 떨어진 곳이라면 수의사가 촬영에 동반할 것을 권장한다.
- 동물 싸움, 사냥, 낚시, 동물의 죽음을 묘사하는 장면은 컴퓨터 그래픽으로 구현한다.
- 동물에게 부상을 입힐 수 있는 장애물이나 위험은 없는지 환경 조건을 면밀하게 조사해야 한다.

- 스턴트나 경마 등 격렬한 액션 촬영의 경우, 동물행동이 확인될 수 있도록 훈련사에게 모니터나 양방향 무전기가 제공되어야 한다.
- 촬영의 동선, 소음 등 동물 안전에 적합한지 반드시 사전회의와 리허설을 통해 확인해야 한다.

특히, 이 가이드라인은 동물의 종별로 꼭 지켜야 할 사항을 별도로 정리해놨는데, 종별 가이드라인에는 '말'도 있다. 아래는 말 가이드라인의 일부 내용이다.

- 말은 영화 제작에서 가장 일반적으로 사용되는 동물 중 하나이며 안전과 촬영의 원활함을 위해 훈련된 말과 영화 제작 경험이 있는 말 전문 훈련사를 고용할 것을 권장한다.
- 역사극 등 많은 수의 말이 필요할 때는 반드시 영화제작 스태프 중에 말 관련 촬영을 관장하는 책임자가 있어야 한다.
- 모든 장비와 마구는 안전하고 제대로 기능해야 한다. 사용 전후에 언제나 훼손이 없는지 검사해야 한다. 모의 촬영을 해 볼 것을 권한다.
- 말의 걸음걸이에 이상을 주는 어떤 장치나 약을 사용해서는 안 된다. 화상을 입히거나 화학약품의 사용, 약을 주입하는 등 말에게 신체적 고통을 주거나, 염증을 일으킬 수 있는 모든 경우를 금지한다.
- 말의 스턴트 연기는 특히나 주의가 필요하다. 스턴트 장면에 관련된 스태프, 연기자, 훈련사는 사전에 스턴트 연기의 방식과 안전에 대한 합의가 있어야 하며 사전에 충분히 시뮬레이션 해봐야 한다.

반려동물과 함께하다

역사극에서 말 촬영을 할 때 더욱 주의해야 하고, 말의 걸음걸이에 이상을 주는 어떤 장치도 사용하지 말아야 하며, 말의 스턴트 연기에 특히 주의해야 하는 점을 강조하고 있다. 어떤가? 이 가이드라인만 준수했어도 애꿎게 말이 죽는 일은 없지 않았을까? 기존에 있는 가이드라인 조차 준수하지 않아 사고가 발생했는데 또다시 가이드라인을 만드는 게 무슨 소용이 있을까?

아무리 사과를 여러 번 하고 가이드라인을 백번 천번 만들어도 지키지 않으면 아무런 소용이 없다. 이번에는 정부까지 나서서 관련 협의체를 만들고 출연동물 보호 가이드라인을 마련한다고 하니 약간의 기대를 가져본다. 가이드라인에 어떤 내용을 담을까만 고민할 게 아니라 가이드라인을 어떻게 현장에 적용시킬지에 대해서도 깊은 고민이 필요해 보인다.

동물 촬영 가이드라인은 사람을 위해서도 필요하다.

카라는 가이드라인을 제작하면서 동물 촬영 경험이 있는 방송 종사자들을 대상으로 설문 조사를 벌였다. 영화, 방송, 뉴미디어, 광고, 예능 종사자 157명이 설문에 참여했는데 내용이 충격적이었다.

"새벽 촬영 내내 잠을 자지 못하도록 말과 토끼를 일부러 찌르는 행동을 했다.", "말이 잘 움직이지 않자 매질을 가했다.", "고양이가 갑자기 튀어나와서 출연진이 놀라는 장면을 촬영하기 위해 아무 보호장비 없이 고양이를 몇 차례나 던지게 했다.", "촬영 중 놀란 말을 멈추게 하기 위해 전기충격기를 사용했다.", "새가 멀리 날아가지 못하게 하려고 다리를 부러뜨렸다.", "앉아있는 개의 모습을 찍기 위해 개의 엉덩이와 뒷다리를 장시간 붙잡고 있었더니 개가 거품을 물고 쓰러졌다.", "토끼 촬영 중 추위와 담당자 관리 소홀로 토끼가 죽었다.", "촬영 중 과실로 비둘기가 차에 치여서 죽었다." 등 촬영 중 벌어진 동물학대에 대한 솔직한 고백과 함께 "말이 제작진의 발을 밟아서 발가락이 부러졌다.", "투견 장면을 촬영하다가 주변 사람이 물렸다.", "멧돼지 촬영 중에 멧돼지가 갑자기 출연자를 공격했다.", "훈련되지 않은 동물이 겁을 먹고 돌발행동을 해 스태프가 타박상을 입었다." 등 동물 촬영을 하다가 사람이 다친 사례가 상당히 많았다.

드라마 〈대왕의 꿈〉 낙마 촬영에서 최수종 씨가 큰 부상을 당했던 것처럼 〈태종 이방원〉 촬영에서도 스턴트맨이 엄청나게 큰 부상을 입었다. 동물은 물론 사람의 안전을 위해서도 동물 촬영 가이드라인 준수가 중요하다.

은퇴한 퇴역 경주마의 슬픈 현실

〈태종 이방원〉 사건을 계기로 우리가 관심 가져야 할 분야가 하나 생겼다. 바로 '퇴역 경주마'의 은퇴 후 삶이다. 퇴역 경주마는

반려동물과 함께하다

경주마로 활동하다가 은퇴한 말을 뜻하는데, 〈태종 이방원〉 낙마장면 촬영에 동원됐다가 일주일 만에 사망한 말 '까미'가 바로 퇴역 경주마(은퇴한 경주마, 경주퇴역마)였다.

혹시, 드라마 〈오징어 게임〉을 보았는가?

〈오징어 게임〉 1회 첫 부분에 경마장이 등장한다. 주인공 기훈(이정재)이 경마장에서 고민 끝에 배팅을 하고, 배팅한 말이 1등을 하며 배당금을 받지만, 사채업자에서 돈을 빼앗기는 장면이다. 여기서 궁금증이 생긴다. 저 말들은 평생 경주를 할 수 없을 텐데, 은퇴 후에는 어떻게 되는 걸까?

경주마 대부분은 짧은 선수 생활 후 은퇴한다. 말의 평균 수명은 약 25~30년인데 경주마는 6~8살이면 경마장을 떠난다. '까미'는 마사회 고유번호 0041215를 가진 퇴역 경주마였다. 마리아주(MARIAGE)라는 이름으로 부산경남경마공원(렛츠런파크 부산경남)에서 불과 3경기를 출전한 뒤 4살이 조금 넘어 은퇴했다. 매년 1천 두 이상의 말이 까미처럼 경주마로 활동하다가 은퇴한다. 우리나라의 2010~2021년 퇴역 경주마는 무려 17,298두다.

은퇴 후 경주마의 삶은 가히 충격적이다. 우리나라의 퇴역 경주마는 번식·승용마로 전환되는 일부를 제외하면 말고기용으로 도축되는 경우가 가장 많으며 용도가 파악되지 않는 경우도 매년 늘고 있다(2016년 5.0%→2020년 22.5%). 마주의 신고에 의존하다 보니 정확한 실태 파악이 힘들다. 심지어 경주퇴역마를 도축 후

반려동물용 사료 제조에 활용하는 방안이 추진되어 논란이 되기도 했으며, 경주마를 불법도축하던 도축장이 국제동물보호단체에 의해 고발된 적도 있다.

경주마는 대부분 서러브레드(Throughbred)라는 품종인데, 단거리 경주를 목적으로 개량된 최고의 경주마 품종이다. 웜블러드(Warmblood)처럼 승마에 적합한 품종이 아니다 보니 은퇴한 경주마(서러브레드 품종)를 승마용으로 이용하는 것에 대해서도 논란의 여지가 있다.

같은 '갯과'라고 강아지 대신 늑대를 아무런 교육·훈련 없이 반려동물로 키울 수는 없지 않은가?

서울경마공원에서 총 19번 경주에 출전해 2,900여만 원의 상금을 획득했던 기쁨이(가명)는 경기도 소재 승마장에 100만 원에 팔려갔다가 적절한 재사회화 프로그램 없이 승용마로 투입됐다. 결국, 승마회원 2명이 기쁨이를 타다가 골절상을 입고 말았다. 이후 장애물 경기에 투입하기 위해 무리한 장애물 연습을 하다가 여러 차례 골절상을 입었고 결국 확인할 수 없는 어딘가로 팔려가 폐사됐다.

그럼에도 우리나라 퇴역 경주마에게는 승용마가 되는 게 그나마 가장 나은 옵션이다. 승용마가 되지 못한 까미는 은퇴 후 단돈 10만 원에 팔려간 뒤 〈태종 이방원〉 촬영에 동원됐다가 삶을 마감하고 말았다.

반려동물과 함께하다

우리나라와 달리 해외 여러 나라에는 퇴역 경주마를 위한 프로그램이 잘 마련되어 있다. 우선 영국에는 퇴역 경주마 재훈련 단체 ROR(Retraining of Racehorses)이 있다. 2000년 4월 영국경마협회 기금으로 창설됐으며 운영비는 경마산업 수입과 후원으로 충당한다. 은퇴한 경주마가 목장·승마장·마주에게 안전하게 돌아갈 수 있도록 교육·훈련(Rehoming·Education) 시키는 등 퇴역 경주마의 복지와 승용마 전환을 위한 모든 서비스를 제공하고자 노력 중이다. ROR의 궁극적인 목표는 퇴역 경주마 숫자와 건강하게 새로운 삶을 얻는 말의 숫자를 일치시키는 것이다.

미국의 경우 PETA, Humane Society 등 여러 동물보호단체가 적극적인 경주마·퇴역 경주마 보호 활동을 펼치고 있다. 뉴욕주경마협회(NYRA), 뉴욕서러브레드호스맨협회(NYTHA)는 퇴역 경주마 복지를 위해 경마 수수료를 부과한다. 이렇게 형성된 기금은 퇴역 경주마 인수 및 부상치료에 활용되는데 연간 1백만 달러(약 12억 원)의 기금 마련을 목표로 하고 있다.

미국은 퇴역 경주마의 삶을 지원하는 일이 경마산업에서 가장 중요한 일이라는 공통된 인식을 갖고 있다. 승용마로 재사회화된 퇴역 경주마만 참여할 수 있는 승마대회가 연 350회 정도 개최될 정도로 은퇴한 경주마의 승용마 전환이 자리 잡았다.

홍콩의 경마업체 자키클럽(HongKong Jockey Club, HKJC)은 세계 10대 기부단체에 포함될 정도로 엄청난 사회 기여를 하는 곳이다. 학교·병원·재단에 큰 기부를 하고 연간 수백 개 프로젝트에 기부금을 낸다. 홍콩 정부의 세수확보에도 큰 역할을 한다.

자키클럽의 퇴역 경주마 관리시설 BREC(Beas River Equestrian Centre)는 퇴역 경주마의 천국으로 여겨진다. BREC는 세계에서 가장 오랜 역사를 가진 선진화된 관리시설이다. 은퇴한 말은 수의사의 건강검진을 통해 향후 재사회화 방향이 결정되며 공인된 전문가 집단이 퇴역 경주마의 정신적·신체적 재활을 단계적으로 수행해 승용마에 적합하게 만든다.

홍콩자키클럽은 마주로부터 기부금을 받아 '경주마 은퇴 관리 프로그램(Retired Racehorse Program Contribution Scheme)'을 운영한다. 새로운 경주마가 클럽에 들어오면 마주로부터 66,000HKD(한화 1천만 원 가량)의 기부금을 받는데, 마주가 은퇴 후 직접 말의 새 보금자리를 찾아 주면 이 돈을 돌려주고, 클럽에 관리를 위탁하면 이 기부금을 활용한다. 이 제도로 은퇴한 경주마의 소유권이 마주에서 자키클럽으로 이전되는 경우가 상당수다.

일본은 연간 7천 두의 경주마가 생산되고 6,500두가 폐마한다. 우리나라처럼 경주마 도축장이 국제 동물보호단체에 고발당한 적도 있지만 그래도 일본중앙경마회가 퇴역 경주마를 위한 정책을 수립하고 퇴역 경주마의 삶을 위해 노력하는 민간단체·목장을 지원하고 있다. 일본의 비영리단체 RHA(the Retired Horse Association)는 퇴역 경주마를 구조하고 재교육 후 승용마로 활용하거나 보호하는 역할을 하는 대표단체인데, 양부모(Foster-Parent) 시스템과 재교육·귀환 프로그램(Retraining and Rehoming Program)을 운영한다.

우리나라의 한국마사회도 경주마 복지 증진을 위해 노력 중이긴 하다. 2014년 말보건복지위원회 구성을 시작으로, 말복지 증진 기본계획과 말복지 중장기 전략(2022~2026년)을 수립했다. 2019년에는 경마·동물복지·법조 분야 전문가로 구성된 말복지위원회를 신설했으며, 경주퇴역마, 경주마 교배 및 번식 분야에 대한 가이드라인 2종을 발표하기도 했다.

마사회의 중장기 전략 5대 목표 중 하나는 '경주마 생애주기 복지 지원'으로, 경주마 치료, 재활, 휴양 지원제도 도입, 경주퇴역마 지원체계 고도화, 말복지센터 건립 등의 계획이 담겼다. 그러나 마사회의 노력만으로는 한계가 있어 보인다. 경주마 복지를 위해서는 결국 돈이 필요한데 경마 수익금 중 상당수가 다른 분야에 사용되고 마사회로 돌아오지 않는다.

2018년 축산발전기금(축발기금) 약 1조 원 중 한국마사회 출연금이 16.7%(1,758억 4천만 원)였는데 이 중 경마 분야에 지원된 금액은 17억 9,200만 원이었다. 마사회가 낸 돈의 '단 1%'만 다시 말을 위해 돌아온 셈이다. 상황이 이러다 보니 아예 말복지만을 위한 별도 기금(일명 말복지기금)을 조성하자는 주장이 힘을 얻고 있다.

어떤 형태로는 경주마의 복지와 퇴역 경주마의 은퇴 후 삶에 대한 대책이 마련되어야 할 것으로 보인다. 여기서 중요한 건, 우리의 꾸준한 관심이다. 〈태종 이방원〉 사건으로 시작된 관심이 꾸준히 이어지지 않으면 제2, 제3의 까미가 또 나올 것이다.

지난 2016년 강아지공장 사태가 논란이 됐을 때, 동물생산업이 신고제에서 허가제로 전환되는 등 재발 방지를 위한 대책이 마련됐다. 많은 국민이 강아지공장 문제에 꾸준히 관심을 갖고 끊임없이 제도 개선을 요구했기 때문에 가능했던 일이다.

부디 〈태종 이방원〉 사건에 대한 관심이 냄비처럼 식어버리지 않길 바란다. 경주마의 전 생애 복지체계가 구축되고 동물 촬영 가이드라인이 모든 동물 출연 미디어에 적용될 때까지 말이다.

반려동물과 함께하다

그들은 왜
길고양이를 죽였을까?

**동물에게 자행되는
잔인한 폭력**

동물학대 사건이 사회적으로 이슈가 된 건 어제오늘 일이 아니다. 문제는 최근 동물학대 사건의 형태가 다양해지고 점점 더 잔인해지고 있다는 점이다.

근래 발생한 동물학대 사건들을 분석해 보면 과시형, 보복형 범죄가 늘어나는 경향이 확인된다. 과시형 범죄는 자신의 범죄 과정이나 결과를 다른 사람들에게 보여주는 형태를 띠는데 학대자가 사람들의 반응을 보면서 즐기는 성향을 보인다. 어린 고양이를 네 토막으로 조각낸 뒤 사람들이 많이 다니는 상가 옆 통로에 놓아둔 사건, 공원 산책로 한가운데 복부 장기가 꺼내진 동물 사체를 놓아둔 사건, 십자가에 매단 고양이 사체를 대학교 캠퍼스 나무에 내건 사건 등이 대표적이다.

보복성 범죄는 주로 길고양이 케어테이커(캣맘, 캣대디)에게 보복하기 위해 벌어진다. 길고양이에 대한 잘못된 이해와 혐오에서 비롯되는데, 자신의 불만을 대화로 해결하지 않고 생명체에 해를 가하는 행위로 표출한다.

길고양이에게 사료를 챙겨주는 케어테이커가 맘에 들지 않으면 "왜 길고양이에게 밥을 주냐. 나는 이런 행위가 길고양이의 수를 더 늘린다고 생각한다."라고 대화를 시도해봐도 될텐데, 길고양이를 죽인 뒤 "이 고양이는 네가 밥을 줘서 죽은 거야."라는 메시지를 남기며 보복한다. 만약 학대자가 케어테이커와 열린 마음으로 대화를 했다면 길고양이에게 밥을 주는 행위가 TNR사업(길고양이 중성화사업)으로 이어져 오히려 길고양이 개체수 조절에 도움이 된다는 점을 알게 됐을 것이다. 그럼 죄 없는 고양이의 목숨을 뺏는 일도 없지 않았을까?

'동물판 n번방 사건'
동물학대 전시장으로 변질된 온라인

온라인 동물학대 범죄도 우려스럽다. 유튜브, 소셜미디어, 온라인 커뮤니티, 채팅어플 등 디지털 매체가 발달하면서 온라인 동물학대 범죄가 빠르게 늘고 있다. 온라인을 통해 동물학대 영상을 접한 사람이 70%에 달할 정도다(미디어 동물학대 설문 조사, 동물권행동 카라).

최근 발생한 대표적인 온라인 동물학대 범죄 사건은 '동물판 n번방 사건'과 '디시인사이드 동물학대 사건'이다.

2020년 일명 n번방 사건이 세상에 알려지며 나라가 발칵 뒤집혔다. n번방 사건은 텔레그램 단체방을 통해 불법 음란물을 생성하고, 거래 및 유포한 디지털 성범죄 사건이다. 피해자 중 상당수가 미성년자임이 알려지면서 많은 국민이 격분했고, '텔레그램 n번방 가입자 전원의 신상 공개를 원한다'는 청와대 국민청원에 무려 200만 명 이상이 동의했다.

그런데 이런 비슷한 사건이 동물 쪽에도 있었다. 이른바 '동물판 n번방 사건'으로 불리는 '고어전문방' 사건이다.

2021년 1월 '고어전문방'이라는 이름의 카카오톡 오픈채팅방 참여자들 수십 명이 고양이, 토끼, 너구리 등 다양한 동물을 직접 살해하는 사진·영상을 올리고 살해 방법까지 공유한 일이 세상에 알려졌다. 살아있는 고양이에게 화살을 쏴서 허리를 관통시킨 후 고통스러워하는 고양이의 사진을 올린 일까지 있었다.

카라에 따르면 고어전문방 참여자들은 동물학대를 넘어 자신의 신체를 자해하는 사진과 영상도 수시로 공유했으며 "사람 손

동물학대의 위험에 무방비 상태로 노출된 유기동물들

반려동물과 함께하다

을 드릴로 관통해 보고 싶다.", "강간해보고 싶다." 등 수위 높은 폭력성을 드러냈다고 한다. 더욱 충격적인 점은 고어전문방 참여자 80여 명을 대상으로 조사가 진행됐는데, 참여자 중 상당수가 미성년자였다는 점이다(동물보호법 위반 혐의가 인정된 3명 중 1명이 미성년자).

2021년 7월에는 국내 최대 온라인 커뮤니티 '디시인사이드'의 '길고양이 이야기 갤러리'에서 동물학대 사건이 벌어졌다. 새끼 고양이 두 마리를 다양한 방법으로 폭행한 뒤, 죽어가는 과정을 일기처럼 게시판에 올린 사건이다. 게시자는 자신의 행동을 '놀이'라고 지칭했고, 디시인사이드 이용자들은 다리를 잘라보라거나 채찍질을 하라는 등 추가 동물학대 행위를 추천했다. 결국 '길고양이 이야기 갤러리의 수사·처벌'을 요구하는 국민청원이 진행됐고 한 달 동안 25만 559명이 참여하는 등 사회적 공분 속에 갤러리가 폐쇄됐다.

하지만 디시인사이드에서는 계속에서 온라인 동물학대 사건이 이어졌다. '길고양이 이야기 갤러리'는 폐쇄되었으나 또 다른 갤러리가 활동 무대가 됐다. '야옹이 갤러리'에 수많은 동물학대 사진과 영상이 올라온 것이다. 특히 고양이를 포획틀에 가두고 산 채로 불태운 영상이 게재되며 큰 논란이 벌어졌다. 게시자는 자신의 영상이 이슈가 되자 고양이를 칼로 찌른 적도 있다고 스스로 밝히는 한편, "더 많은 털바퀴(길고양이를 털 달린 바퀴벌레에 비유하는 표현)를 잡아 태워버리겠다.", "청원 동의 개수만큼 번호표를 매겨가며 (고양이를) 태워버리겠다."라고 협박까지 했다.

상황이 심각해지면서 디시인사이드의 대표 김 모 씨가 동물학대 행위 방조 혐의로 입건돼 경찰 조사를 받는 일까지 생겼다.

온라인은 익명성을 기반으로 하고 누구나 자유롭게 접근가능하기 때문에 사진·영상이 쉽게 유포된다. 미성년자를 비롯한 불특정 다수가 무방비 상태로 동물학대 사진·영상에 노출될 수 있다. 또한 학대자가 대중의 반응을 지켜보며 댓글, 추가 게시글을 활용해 대응하거나(과시욕), 대상을 옮겨가며 학대를 지속하는(지속성) 특징을 보이기도 한다. 호기심을 갖는 사람들이 범죄에 동조하도록 만드는(통제성) 경향도 있다. 모방 범죄도 쉽게 벌어진다. 무엇보다 신고하더라도 플랫폼이 해외 기반이거나 IP를 변조하면 수사가 어렵다.

강력한 동물보호법에 합당한 양형기준과 처벌 시급

잔인한 동물학대 사건이 보도될 때마다 똑같은 이야기가 들린다.

"제발 동물보호법 좀 강화해주세요."

그런데 이 말은 틀렸다. 왜냐하면 우리나라 동물보호법은 이미 충분히 강하기 때문이다.

반려동물과 함께하다

동물학대 행위는 동물보호법에 의해 불법이다. 사실 몇 년 전까지는 잔인한 방법으로 동물을 죽여도 1년 이하의 징역 또는 1천만 원 이하의 벌금에 그쳤다. 이때는 "동물보호법이 너무 약해요. 강화해주세요."라는 말이 당연했다. 그러나 그 뒤에 여러 차례 법이 강화되면서 지금은 3년 이하의 징역 또는 3천만 원 이하의 벌금형에 처한다. 불충분해 보일 수 있지만 다른 법들과 비교해보면 결코 가벼운 처벌이 아님을 알 수 있다.

「계속되는 동물학대, 동물보호법은 죄가 없다」는 글을 쓴 류윤정 변호사는 "형법상 유기죄, 주거침입죄 등에서 3년 이하의 징역 또는 500만 원 이하의 벌금에 처하도록 정한 것과 비교할 때 동물학대 처벌 규정이 가볍다고 할 수 없다."라고 설명했다. 나도 이 말에 100% 동의한다. 동물보호법은 죄가 없다. 죄가 있다면 강화된 법에 미치지 못하는 판결일 것이다. 우리나라는 외국과 비교했을 때 동물학대 범죄의 법정형이 낮지 않음에도, 기소율이 낮고 법원에서의 선고가 약한 편이다.

2016년부터 2020년까지 5년간 동물학대로 검찰에 송치된 3,398명 중 정식 재판에 넘겨진 비율은 3%(93명)에 그쳤다. 이 중 구속된 혐의자는 단 2명이었다. 2019년의 경우, 973명 중 구속된 사람은 0명이었다.

처분자의 절반 이상인 1,741명은 불기소 처분을 받았다. 범죄 혐의를 받은 경우도 대부분 벌금형에 그치는 약식명령청구 처분

(1,081명)이 내려졌다. 재판에 넘겨진 경우에도 처벌 수준은 낮았다. 246명 중 140명(56.9%)이 벌금형에 그쳤다. 징역·금고 등 자유형을 선고받은 사람은 45명이었지만 이중 실형은 12명에 불과했다. 전체 1심 사건 중 고작 4.9% 수준이다. 동물보호법에 명시된 '3년 이하의 징역 또는 3천만 원 이하의 벌금'이라는 문구가 민망해지는 결과이다.

점점 진화하는 동물학대 사건의 주요한 원인 중 하나는 처벌이 경각심을 줄 수 없을 정도로 약하다는 점이다. 이에 따라 양형기준을 마련해야 한다는 목소리가 높아지고 있다. 양형기준은 법관의 자의적 판단에 따라 형량이 지나치게 차이 나는 것을 막기 위해, 대법원이 범죄 유형에 따라 지켜야 할 형량 범위를 정한 것을 뜻한다. 쉽게 말해 판사의 동물보호복지 인식에 따라 처벌 수준이 크게 달라지므로 동물학대 사건에 일정 수준 이상의 처벌이 나올 수 있도록 '기준'을 설정해야 한다는 것이다.

다행스러운 점은 아직 양형기준이 없음에도 일부 판사가 강력한 처벌을 내리기 시작했다는 점이다.

울산지방법원(판사 유정우)은 2020년 5월 8일 동물보호법 위반 혐의로 재판에 넘겨진 40대 남성 A씨에게 징역 4월 집행유예 1년을 선고했다. 판결문에 따르면, 지역주택조합장인 A씨는 시공사와의 문제로 불만을 품고 시공사 현장책임자가 기르던 진돗개를 주먹으로 때리거나 발로 걷어차는 등 학대행위를 일삼았다. 성견이 아닌 생후 4~5개월령의 강아지였음에도 A씨의 동물구타행위는 약 6개월간 지속됐다. 재판에 넘겨진 A씨에게 검사는 벌금 200만 원 형을 구형했다. 그런데 재판부는 A씨에게 벌금형보다 중한 징역 4월에 집행유예 1년을 선고했다. 흔히 검찰의 구형보다 실제 선고가 약해지는데 그와 반대의 경우가 벌어진 것이다.

재판부는 구형보다 중한 선고를 내린 이유를 아래와 같이 상세하게 판시했다.

"범행이 견주에 대한 보복 또는 원한에서 비롯됐고, 범행 방법이 상당히 폭력적이고 잔인하다. 경찰 조사 단계에서 단지 장난에 불과하고 학대는 아니라는 취지로 진술해 범행의 심각성이나 중대성을 인식하지 못하는 태도를 보였다. 동물에게도 생명체로서의 존엄을 인정하려는 노력들이 이어지면서 '동물권' 개념이 확대됐다. 동물 역시 생명체로서 고통을 느끼는 존재다. 동물에 대한 학대행위에 동물 역시 소리나 몸짓으로 고통을 호소하는데 이를 아랑곳하지 않고 계속 학대행위를 한다는 것은 생명체에 대한 존중의식이 미약하거나 결여된 것이다. 동물학대행위를 단순한 물건의 손괴행위로 인식할 수 없으며, 가학적·충동적 동물학대 행위는 생명체에 대한 심각한 경시행위로서 더욱 엄격히 죄책을 물어야 한다. 강호순, 유영철 등 일부 연쇄살인범의 행동은 그들이 자신들의 개를 도살하는 것에서 시작됐다. 동물학대행위에 대한 적절한 법적 통제가 가해지지 않으면, 이들의 생명존중 미약이 언제든 사람에게 향할 수 있다. 반려동물에 대한 학대행위 방지가 사회적 약자·소수자에 대한 존중과 보호로 연결된다. 개, 고양이 등 우리 곁에 살고있는 반려동물을 사회공동체의 일원에 포함시킨다고 가정하면, 이들은 우리 사회에서 가장 지위가 낮은 존재다. 동물학대행위를 용인하거나 위법성을 낮게 평가한다는 것은 사회적 소수자에 대한 차별적·폭력적 행동까지 간과하거나 심각성을 인식하지 못한다는 방증이다. 피고인의 범행은 생명체에 대한 존중의식이 미약한 상태에서 이뤄진 생명경시행위로 엄중한 죄책이 부과되어야 한다. 검사의 구형(벌금 200만 원)은 죄질에 비해 과소하다. 징역형을 선고하는 것이 피고인의 형사책임 정도에 적합하다.”

동물보호활동가가 적은 게 아닌가 하는 착각이 들 정도의 글이다. 동물학대 행위를 가볍게 보지 않고, 생명존중의식까지 고려한 판결에 박수를 보내고 싶다.

법관들의 인식이 발전하면서 이런 판결이 계속 늘어날 것이다. 아무 행동을 하지 않더라도 말이다. 하지만 동물보호복지에 대해 높아진 국민의식과 점차 다양해지고 잔인해지는 동물학대 사건을 볼 때 속도를 높일 필요가 있지 않을까? 그런 측면에서 동물학대 범죄에 대한 양형기준 마련이 시급해 보인다.

동물학대 범죄 해결 열쇠,
법수의학

요즘 법의학(Forensic Medicine)에 관한 관심이 크다. SBS 〈그것이 알고 싶다〉나 드라마 〈싸인〉 등에서 미궁에 빠진 살인사건을 부검 등을 통해 밝혀내는 법의학자들의 활약이 잘 소개됐기 때문이다.

이런 분야가 동물(수의학)에도 있다. 바로 법수의학(Veterinary Forensic Science)이다(수의법의학, 동물법의학 등 여러 가지 용어가 혼재되어 사용되는데 여기서는 법수의학으로 쓴다).

법수의학은 동물과 관련된 범죄 수사나 사법 재판상에 필요한 각종 증거물에 대해 수의학적 감정을 시행하는 응용수의학의 한 분과다. 법의학이 의학적 진단 및 부검을 통해 죽음에 대한 인과관계와 진실을 밝히는 것처럼, 법수의학은 동물학대 및 사망 사건의 진실을 밝힐 수 있다.

최근 동물학대 범죄의 형태가 다양해지면서 동물보호법에 근거해 범죄와 관계있는 사체에 대한 사인을 검사하여 범죄사실을 입증하고 사법상에 필요한 의학적 사항을 규명해야 하는 사건이 많아지고 있다. 법수의학의 필요성이 커지고 있다는 증거이다. 특히 동물학대 범죄는 피해자인 동물이 자신의 피해를 스스로 입증할 수 없기 때문에 수사가 어려운데, 이때 법수의학이 기여할 수 있다.

문제는 아직 국내에 전문적인 법수의학자가 단 1명도 없다는 것이다. 검역본부, 동물위생시험소, 수의과대학에 병리실험실이 있고 동물 사체에 대한 부검도 가능하지만, 병성감정에 특화되어 있다. 동물학대 여부나 사인 등을 전문적으로 규명하는 기관이라고 보기 어렵다.

『나는 매주 시체를 보러 간다』 저자이자 국립과학수사연구원 촉탁 법의관으로 활약 중인 유성호 서울대 의대 교수(법의학자)는 임상수의학회 특강에서 "당연히 수의과대학에도 법수의학을 담당하는 분이 한 분쯤은 있을 줄 알았는데 없었다."라며 놀라기도 했다.

동물단체에서도 국내에 법수의학 전문가가 없다는 점을 아쉬워한다. 동물권행동 카라의 최민경 활동가는 '동물학대 범죄의 수사전문성 향상'과 관련해 법수의학의 필요성을 강조한 적이 있다. 최민경 활동가는 "국내 수의학과에는 법수의학 과정이 없고 전문 법수의학자가 1명도 없어서 잔혹하게 살해된 동물이 제보되더라도 범죄수사 측면에서 부검하고 증거로 분석할 수 있는 기반이 없다."라며 아쉬워했다. '법수의학자 등 전문가가 늘어날수록 동물학대 범죄자의 검거율이 높아질 수 있다'는 것이 최 활동가의 생각이다.

동물자유연대는 아예 '동물학대 대응에 있어 수의법의학의 필요성'이라는 제목의 이슈리포트를 발간하기도 했다. 동물자유연대는 "동물사망 사건에서 영상과 사진 등 학대를 입증할만한 명확한 증거가 없는 경우 부검을 통한 사인규명이 필요하지만 우리나라에는 아직 학술적·방역 목적 외에 동물학대나 기타 법적분쟁 상황에서 부검을 진행할 수 있는 체계가 없다."라고 지적했다.

우리나라에는 전문가와 전문기관이 없지만 미국은 동물학대 범죄에 적극적으로 대응하기 위해 1990년대 후반부터 법수의학의 기초를 마련했다. 수의과대학에 법수의학 관련 과정이 있고 AAHA(미국동물병원협회) 등 협회에서도 관련 교육과정을 운영한다. 플로리다 수의과대학이 중심이 된 전문 학회(IVFSA, 세계법수의학회)도 있다.

2020년 12월에는 미국 최초의 종합수의법의학연구소인 AVFCS(ASPCA 법수의학센터)가 문을 열었다. 동물단체인 ASPCA는 별도의 법의학팀(Forensic Team)을 운영하는데, 동물학대 사건에 조사관이 출동하고 필요한 경우 법수의학자가 부검 등을 통해 사인을 밝혀낸다.

상황이 이쯤 되면 우리나라에도 법수의학 전문가가 한 명쯤은 있어야 하지 않을까? 그러나 국내 최초의 법수의학자 등장이 쉽지만은 않아 보인다.

사실 의료계에서도 법의학은 아직 소수 학문이다. 여러 드라마·영화에서 법의학자가 주인공으로 나오고 시사교양 프로그램에 법의학자가 등장하며 사회적 관심을 받고 있지만, 국내에 활동 중인 법의학자는 50여 명 수준이다. 의사 면허자 수가 12만 명이 넘고 실제 활동하는 의사가 10만 명 이상인 걸 감안하면 매우 적은 수치다. 법의학자는 대부분 병리학을 전공한 뒤 법의병리학을 공부하는데, 의과대학에 병리전공자 자체가 적고 법의병리학을 공부하다가 현실적인 이유로 그만두는 경우도 많다고 한다.

하물며 의사도 이러한데 이제 면허자 수가 2만 명이 갓 넘은 수의사 중에서 법수의학자가 있길 바라는 건 무리일 지도 모른다. 수의병리학 등 기초학문에 관한 관심이 적고 기초대학원 진학자도 드문 국내 수의계의 현실을 고려할 때 "법수의학이 중요하니 법수의학자가 되어라."라는 조언은 마치 '동물학대 범죄 해결을 위해 개인을 희생하라'는 강요처럼 들린다. 법수의학의 중요성과 필요성이 점점 커지고 있기 때문에, 개인적으로 후배 수의사 중에 법수의학 전문가가 나오길 바라지만 개인의 희생만 강요할 수는 없다.

그나마 다행인 건 정부도 법수의학의 필요성을 인지하고 있다는 점이다. 농림축산검역본부는 2019~2021년 3년간 '반려동물에 대한 수의법의학적 진단체계 기반구축 연구'를 진행했다. 그리고 그 결과를 바탕으로 검역본부 안에 부검실, 원인체실, 독물·약품 분석실 등을 갖춘 수의법의학센터를 만들 계획이다. 부검 전담인력을 확충하고, 영상진단, 맞춤형 약물·독극물 검사 기반까지 갖춘 '원스톱 진단체계'를 구축하는 것이 목표다.

하지만, 조직만 신설한다고 되는 건 아니다. 앞서 설명한 것처럼 국내에는 아직 제대로 된 법수의학자가 없다. 외바퀴로는 진정한 체계 구축이 가능할 리 없다. 전문인력(법수의학자) 양성을 위한 노력도 병행되어야 제대로 된 법수의학 진단체계가 완성될 수 있다.

03.
세번째 이야기

반려동물과
함께하는
행복한 세상을
위하여

개 식용을 바라보는
불편한 시선

개 식용,
합법과 불법의 회색지대

'개 식용을 합법화하라 VS 개 식용을 금지하라'

오래된 논쟁 주제다. 현재 우리나라에서 개 식용은 합법도 불법도 아닌 회색지대에 존재한다. 그래서 누구는 개 식용이 이미 합법이라고 주장하고, 누구는 이미 불법이라고 주장한다. 들어보면 둘 다 일리가 있다.

개는 「축산법」에서 가축의 한 종류로 분류되어 있다. 개 식용이 합법이라고 주장하는 사람들은 바로 이를 근거로 든다. 개도 축산법상 가축이므로 소, 돼지, 닭과 똑같이 키우고 잡아먹어도 문제가 없다는 것이다.

반려동물과 함께하다

반면 개 식용이 불법이라고 주장하는 사람들은 「축산물위생관리법」을 근거로 제시한다. 축산물 위생을 관장하는 「축산물위생관리법」에서는 개가 가축에서 제외되어 개고기의 도축과 유통에 대한 아무런 기준이 존재하지 않기 때문이다. 물론 개의 사육, 도살, 유통 과정에서 「축산물위생관리법」 외에 「동물보호법」, 「식품위생법」, 「가축분뇨법」, 「가축전염병예방법」, 「사료관리법」, 「폐기물관리법」 등을 위반할 소지도 많다.

어쨌든 「축산법」에서는 개가 가축이고 「축산물위생관리법」에서는 개가 가축이 아닌 '법적 모순'을 해결해야 하는 게 정부의 역할이지만, 정부는 그동안 '사회적 합의가 필요하다'는 핑계로 개 식용을 합법과 불법 중간 사이 어딘가에 그대로 방치하고 있다.

그래서 복날만 되면 육견협회를 중심으로 한 개 식용 찬성론자들과 동물단체를 중심으로 한 개 식용 반대론자들이 부딪힌다. 개 식용 찬성론자들은 아예 「축산물위생관리법」에 '개'를 포함시켜 안전하게 개고기를 소비해야 한다고 말한다. 「축산물위생관리법」은 축산물의 위생적 관리와 품질 향상을 위하여 가축의 사육·도살·처리와 축산물의 가공·유통 및 검사에 필요한 사항을 규정한 법인데, 개고기를 「축산물위생관리법」에 따라 관리하면 '비위생', '비윤리적인 도살', '불법 유통' 등 개 식용 관련 문제가 일거에 해결될 수 있다는 것이다. 반려견과 식용 개는 다르기 때문에 반려목적으로 기르는 개는 동물보호법에 따라 기르고, 식용

목적으로 기르는 개는 「축산물위생관리법」으로 관리하자는 것이 이들의 주장이다.

　반면 동물단체들은 식용 개가 별도로 있다는 주장을 비판한다. 사람이 대한민국 어디서 태어나도 똑같은 권리를 가진 사람이듯, 개도 어디서 태어나도 똑같은 개이고 태어날 때부터 식용으로 구분되는 개는 없다는 것이다. 실제로 도사견 잡종이 식용개로 알려져 있으나 개 식용 유통시장에서는 종종 품종견들도 발견된다.

　지난 2013년 채널A '먹거리 X파일' 방송을 통해 개고기에서 수술용 철심이 발견된 사건이 소개됐다. 식용을 목적으로 하는 개에게 철심을 심는 정형외과 수술을 시켰을 리가 만무하지 않은가? 결국, 개고기 철심 사건은 반려견이었던 개가 보신탕이 됐다는 것을 방증한다.

　2021년 8월에는 더 충격적인 일이 있었다. 전남 진도에서 대규모 개 농장이 적발됐는데, 여기서 기르던 개 58마리 중 11마리가 진돗개였고 심지어 4마리는 천연기념물 제53호로 등록된 개체였다. 이때부터 식용 개가 따로 있다는 주장에 '천연기념물도 식용 개냐?'는 반박이 나오기 시작했다.

　부산 구포 개 시장 폐쇄에 도화선이 된 일명 '오선이 사건'도 유명하다. 반려견으로 키우던 리트리버종 오선이가 개 시장으로 끌려가 개소주가 된 사건이다.

　　　　　　　　　　　　　　　　　　　반려동물과 함께하다

번식장(동물생산업)에서 새끼를 낳지 못하게 된 품종견 모견들을 개 식용 업체로 넘기는 일도 비일비재하다. 이런 사례들을 볼 때 '식용 개는 따로 없다'는 동물단체 주장에 더 힘이 실리는 게 사실이다.

식용 개가
따로 있다?

지난 20대 대선에서 식용 개 논란이 크게 불거졌다. 국민의힘 대선후보 경선토론 마지막 토론에서 윤석열 대통령(당시 후보)이 '식용 개가 따로 있다'는 취지로 발언 한 것이다.

토론회 마지막 질의 시간에 유승민 후보가 윤석열 후보에게 개 식용과 반려동물 의료보험에 관한 생각을 물었다. 유 후보는 우선 "당이 마련한 라방토크쇼에서 '개 식용은 선택의 문제라 함부로 말하기 곤란하다'고 말하셨다."라고 말을 꺼냈다. 이에 대해 윤석열 후보는 "개인적으로 (개 식용에) 반대하지만, 국가시책으로 하는 거에 대해서는 사회적인 합의가 있어야 하지 않나."라고 답했다. 법으로 개 식용 금지를 제도화하기 전에 합의가 필요하다는 설명이었다. 이 대답도 논란의 여지가 있지만 그래도 납득이 되는 설명이었다. 그런데 그 뒤가 문제였다.

유 후보는 다시 한번 "반려인 인구가 1,500만쯤 되는데 (개 식용을) 개인의 선택에 맡겨서 되겠느냐?"라며 "개 식용은 반려동물 학대로 직결되는 문제"라고 지적했다. 그러자 윤석열 후보가 "반려동물 학대가 아니고 식용 개라고 하는 건 따로 키우지 않습니까?"라고 반박했다. 이에 유승민 후보는 "따로 키우는 식용 개는 같은 개 아니냐, 식용 개라고 말씀하시는 게 정말 이해가 안 된다."라고 말했다.

대통령 후보 입에서 '식용 개가 따로 있다'는 발언이 나오자 동물단체가 일제히 비난했다. 수많은 동물단체가 성명을 발표하고 "식용 개는 따로 있지 않고 개 식용과 반려동물의 학대는 밀접한 상호 연관성을 가진다."라고 주장했다. 특히 윤석열 후보가 유기견, 유기묘를 입양하고, 반려견 4마리, 반려묘 3마리를 키우는 반려인이었기에 논란이 더 컸다.

윤석열 후보는 식용 개 발언 논란에 "개인적으로 개 식용에 반대하며, 사회적 합의를 전제 조건으로 개 식용 산업의 종식을 고려하겠다."라고 여러 차례 해명했다.

17개 동물보호단체로 구성된 동물권대선대응연대가 동물복지 정책을 제안하고 이에 대한 대선 후보자들의 답변을 공개한 적이 있는데, 이때도 이재명, 심상정 후보가 '개 식용 산업의 조속한 종식 방안 마련'에 조건 없이 찬성했지만, 윤석열 후보는 조건부 수용(사회적 합의 전제 조건)입장을 전했다.

윤석열 대통령의 생각을 개인적으로 존중한다. 그러나 과거 정부들도 모두 '사회적 합의가 필요하다'는 이유로 개 식용 문제를 사실상 방치했던 터라 아쉬움이 드는 것도 사실이다.

합법화는 불가능…
개 식용 금지는 시간 문제

나는 채식주의자가 아니다. 육식을 한다. 하지만 개고기는 먹지 않으며 개인적으로 우리나라에서 개 식용이 금지되어야 한다고 생각한다. 특히 개 식용 금지는 시간문제라고 본다. 그런데 이런 얘기를 하면 꼭 따라오는 질문이 있다.

"소, 돼지, 닭은 먹으면서 개는 왜 안 돼?"

이 질문에 대해 혹자는 "개는 가축이 아니라 반려동물이니까.", "개는 우리의 친구니까.", "개는 사람과 가장 친한 동물이고 가족이니까." 등의 이유를 댄다. 그러나 이런 식의 답변은 개 식용 찬성론자들의 반발만 부른다는 게 개인적인 생각이다. 개도 가축일 뿐이라는 이들에게 "내 친구니까 너도 친구가 되어야 해."라고 강요할 수는 없지 않은가? 더군다나 다른 사람이 무엇을 먹든 그건 그 사람의 자유라고 생각하는 사람이 많다.

재미난 설문 조사 결과가 있다. 전국 성인남녀 1천 명을 대상으로 진행된 설문 조사(2018년 동물해방물결, LCA)에 따르면, 지난 1년간 개고기를 한 번도 먹지 않은 사람이 81.2%로 국민 10명당

2명 정도만 개고기를 먹는 것으로 나타났지만 개 식용에 반대하는 사람은 46.0%에 그쳤다. 개고기를 안 먹지만 남들이 먹는 것에 대해서는 반대하지 않는 사람이 꽤 많다는 것이다. 심지어 자기는 개고기를 먹지 않으면서 개 식용 합법화에 찬성하는 사람도 많다. 나는 그런 사람들에게 '개고기를 왜 먹으면 안 되는지' 그리고 '개 식용 합법화'가 왜 불가능한지를 이렇게 설명하고 싶다.

소, 돼지, 닭고기는 식용이 합법화되어 축산물위생관리법에 따라 사육단계부터 운송, 도축, 유통단계까지 철저한 위생관리가 이뤄진다.

소를 예로 들어보자. 모든 젖소는 매년 결핵 검사를 받는다. 우유를 통해 사람에게 결핵이 전파될 수 있기 때문이다. 결핵 양성을 받은 소는 도태된다. 한우도 여러 가지 질병 검사를 받는다. 아무런 질병이 없어야 도축 허가를 받는다. 도축장에서도 검사가 진행된다. 수의사 공무원(검사관)들이 도축 과정에서 발견되는 이상 부위를 폐기한다. 도축 후 샘플을 채취해 실험실 검사를 통해 또 한 번 안전성을 확인한다. 심지어 정기적으로 정육점·마트에 나가 수거 검사를 시행하고, 문제가 있으면 행정처분을 내린다. 수입 축산물도 공항·항만에서 검사한 뒤 국내 반입 여부를 결정한다.

이처럼 정부가 철저히 위생관리를 하기 때문에, 우리는 '이 고기를 먹고 식중독에 걸리면 어떻게 하지?'라는 걱정 없이 안심하고 축산물을 먹는다.

그런데 개고기는 어떠한가? 누가 어디에서 무엇을 먹여 키우는지 전혀 알지 못한다. 어떻게 운송되고 도축되며 사육과정에서 어떤 항생제가 사용됐는지 고기 속에 어떤 세균이 있는지 아무도 검사해주지 않는다. 이런 음식을 '보신탕(補身湯)'이라고 부르며 먹고 있는 게 현실이다. 이쯤 되면, 보신탕은 몸을 보강해주는 음식이 아니라 우리가 먹을 수 있는 음식 중 가장 비위생적이고, 위험한 음식이라고 봐야 한다.

이런 '비위생적인 음식'은 더 이상 유통·소비되지 않도록 해야 하는 게 옳다. 그럼 선택지는 두 가지뿐이다.

① 개 식용 금지
② 개 식용 합법화(축산물위생관리법으로 관리)

두 가지 중 개 식용 합법화는 사실상 불가능하다. 개 식용을 합법화할 경우 현실적으로 잃는 것이 너무나 크기 때문이다.

현재 전 세계적으로 개 식용을 합법화한 나라는 없다. 베트남, 중국 등에서도 개 식용이 이뤄지지만 합법은 아니며, 심지어 중국에서는 '개 식용 금지법'이 발의된 적도 있다. 베트남, 중국이 공산주의 국가이기 때문에 우리나라는 '전 세계 유일의 개 식용

성행 민주주의 국가'로 불리며 비난을 받는다. G20, 올림픽 같은 국제행사가 열릴 때마다 개 식용이 이슈화되고, 축구선수 박지성의 응원가에 '한국에서는 개를 먹겠지만'이라는 가사가 들어갔을 정도다. 지금도 '개고기를 먹는다'는 이유로 이런 취급을 받는데 만약, 세계 최초로 개 식용을 합법화한다면? 국제사회의 엄청난 비판을 받을 게 분명하다.

물론 "다른 나라 비난이 뭐가 중요하냐?"라고 반론할 수 있다. 그렇지만 이런 비난은 국가 이미지 실추나 국제대회 유치 실패 등을 넘어 국내 기업의 대외경제활동에 심대한 타격을 가져올 수 있다. 우리나라에 큰 경제적 손실을 입힐 수 있다는 얘기다.

이미지 타격과 경제적 손실을 감수하며 개 식용을 합법화한다 해도 또 다른 문제가 남아있다. 소, 돼지, 닭의 경우 오랜 기간 합법화된 상태로 소비되었기 때문에, 사육, 운송, 도축, 유통에 관한 다양한 연구가 되어있다. 어떤 환경에서 사육해야 하고, 어떻게 운송해야 하며, 어떤 방법으로 도축해야 고통이 없는지 잘 알려져 있다는 뜻이다.

반면, 개에 대해서는 전 세계적으로 이런 연구가 되어있지 않다. 우리나라가 세계 최초로 개고기를 합법화한다면 식용목적인 개의 기준부터 사육기준, 운송방법, 도축방법 등을 새로 다 연구해야 한다. 그리고 그 결과에 따라 사육시설, 운송차량, 도축장을 개발하고 설치해야 한다. 동물보호단체는 이런 과정에 최소 수년

이 걸리며 세금도 수백억 원 이상이 소요될 것으로 추정한다.

개고기를 먹지 않지만, 개 식용 합법화에 찬성하는 사람들에게 이렇게 묻고 싶다. "국민 혈세 수백억 원을 투입해야 하는데도 개고기 합법화에 찬성하시나요?"

아마 반대하는 사람이 더 많을 것이다. 결국, 개 식용 합법화에 대한 사회적 합의는 불가능하고, 그렇다면 남은 선택지는 '개 식용 금지' 뿐이다.

물론 개 식용을 금지하는 과정에서 꼭 고려할 점이 있다. 개고기 생산·판매를 생계로 삼고 계신 분들에 대한 배려다. 이런 분들의 업종 전환을 돕기 위한 대책이 필요하다. 성남 모란시장, 대구 칠성시장, 부산 구포시장에서 개고기가 금지될 때 지자체, 시장상인회, 동물단체가 합의를 통해 개 시장을 없애고 상인들의 업종 전환을 도왔다. 법제화를 통해 개 식용 금지를 추진한다면 이 부분을 고려하길 당부한다.

개 식용 종식 위해
사회적 논의기구 출범

이런 와중에 의미 있는 움직임이 있었다. 2021년 9월 당시 문재인 전 대통령이 김부겸 국무총리와의 주례회동에서 "이제는 개 식용 금지를 신중하게 검토할 때가 되지 않았는가. 관계 부처에서 검토해달라."라며 개 식용 금지 필요성을 직접 거론한 것이다. 문재인 전 대통령은 후보 시절 '반려동물 식용 단계적 금지'를 공약한 바 있지만, 당선 직후 발표한 국정운영 5개년 계획에 개 식용 금지가 빠져 실망감을 준 적이 있다. 그랬던 대통령이 직접 개 식용 금지 검토를 지시하자 각 동물단체가 일제히 환영했고 조속한 이행을 촉구했다.

동물단체들은 "개 식용은 현행법상으로도 최소 대여섯 개 이상의 법 위반을 필연적으로 수반하지만 관련 법에 따른 단속은 실종된 지 오래", "현행법도 작동하지 않는 행정의 실종은 사실상의 묵인이었고 불법 개 식용의 기형적 '산업화'를 초래했다."라고 지적했다.

이어, 국회에 계류 중인 개 식용 금지 관련 법과 2018년 40만 국민청원에 대한 답변으로 청와대가 '개를 가축에서 제외하는 축산법 정비'를 약속한 것을 언급하며 "국무조정실 차원에서 관계 부처를 모아 최단기간 내 개 식용 완전 종식 대책을 수립하고 이행해야 한다."라고 주장했다.

대통령 지시를 받은 정부의 움직임은 빨랐다. 3개월 뒤인 2021년 12월, 개 식용 종식에 대한 사회적 논의기구인 '개 식용 문제 논의를 위한 위원회'가 공식출범한 것이다. 정광호 서울대 행정대학원장(위원장)을 비롯해 관련 단체, NGO, 전문가 등 21명의 위원이 모였고, 농림축산식품부가 간사 역할을 맡았다.

위원회는 개 식용 관련 대국민 인식조사를 시작으로 식용으로 사육·유통되는 개에 대한 실태조사를 벌였다. 상호비방을 자제하는 기본 원칙 아래에 개 식용 종식과 관련된 주요 사항을 논의하고 합의하는 게 위원회의 활동 목적인데, 이런 위원회가 문재인 정권 임기 말기에 급작스럽게 추진됐다는 것이 큰 한계점으로 보인다.

위원회가 첫 회의를 하고 바로 3개월 뒤에 20대 대통령 선거가 열렸다. 위원회 입장에서는 정권이 교체되면 위원회 운영이 유지되지 않을까 우려되고, 새 정권 출범 전에 결론을 내리자니 '번갯불에 콩 구워 먹기'라는 비판과 함께 결론에 대한 정당성이 흔들릴 수 있으므로 고민이 많았을 것이다. 이래저래 충분한 논의를 하기에는 위원회 출범이 너무 늦었다.

우려와 달리 윤석열 정부 출범 이후에도 위원회 활동은 계속됐다. 윤 대통령도 후보 시절 "사회적 합의를 전제 조건으로 개 식용 산업의 종식을 고려하겠다."라고 언급한 만큼, 위원회의 결론을 기다렸을지 모른다.

문제는 위원회가 운영기간을 두 번이나 연장했음에도 아무런 결론을 내리지 못했다는 점이다. 위원회는 "초기에는 개 식용 문제에 대한 입장 차이가 컸지만, 현황조사, 국민인식조사, 토론 등을 통해 개 식용 종식이 시대적 흐름이라는 인식에 공감대를 형성했다."라면서도 합의에는 이르지 못했다고 전했다. 농림축산식품부는 "개 식용 문제 해결을 위한 사회적 합의를 이뤄내기 위해 기한을 별도로 정하지 않고 위원회 운영을 지속할 것"이라고 설명했다. '사실상 무기한 연장'을 선언한 것이다.

위원회가 결론을 내리지 않자 동물단체들이 폭발했다. '개 식용 종식'이라는 결단을 내려줄 것으로 기대했지만, 과거 정부들처럼 결정을 유보했기 때문이다.

'위원회 운영 무기한 연장' 발표 이후 동물단체 수십 곳이 모여 '개 식용 종식을 촉구하는 국민행동'을 결성했다. 이들은 "개 식용이 마침내 완전히 중단되리라는 기대를 품고 사회적 논의기구 운영 과정을 지켜봤으나, 또다시 정부는 미온적인 태도만 고수하고 있다."라고 비판했다.

이어 "사회적 합의를 구실 삼아 수십 년째 개 식용을 방치하며 무위로 일관하지 말고, 현행법을 이행하여 불법 행위들을 단속·엄중 처벌할 것"을 정부에 촉구했다. 합의보다 정부의 결단이 필요한 시점이라는 것이다.

그나마 긍정적인 부분은 서울대 천명선 교수팀의 설문 조사(2022년 4월 시행) 결과, 개식용 금지 법제화에 찬성하는 의견이 64%에 이르렀다는 점이다. 2018년 설문 조사(동물해방물결, LCA)에서 46.0%만 개 식용에 반대했던 것과 비교하면 몇 년 사이에 큰 인식의 변화가 생겼다는 걸 알 수 있다. 정부는 비겁하게 결론을 내리지 않고 있지만, 국민의 인식은 분명 변하고 있다.

반려동물과 함께하다

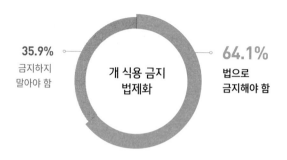

35.9%
금지하지
말아야 함

개 식용 금지
법제화

64.1%
법으로
금지해야 함

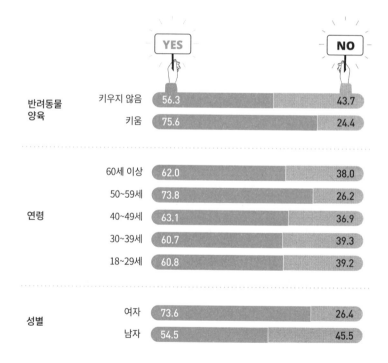

		YES	NO
반려동물 양육	키우지 않음	56.3	43.7
	키움	75.6	24.4
연령	60세 이상	62.0	38.0
	50~59세	73.8	26.2
	40~49세	63.1	36.9
	30~39세	60.7	39.3
	18~29세	60.8	39.2
성별	여자	73.6	26.4
	남자	54.5	45.5

· 출처: 서울대 천명선 교수팀(N=1,000)

개 식용을 바라보는 불편한 시선

사설동물보호소,
보호소와 동물학대 사이

2019년 국내 최대 사설유기동물보호소였던 포천 '애린원'이 강제
철거되면서 1천여 마리의 유기동물이 구조됐다. 유기동물'보호'
소에서 동물을 구조했다니 무슨 소리일까?

  약 25년의 역사를 가진 애린원은 철거 직전까지 보호소부지를
불법으로 점유하고 있는 상태였다. 2019년 2월 의정부지방법원
은 애린원과 애린원 소장 공 모 씨에게 '14일 이내에 자진 철거
하지 않으면 강제철거를 하겠다'라는 계고장을 전달했다.

비글구조네트워크와 생명존중사랑실천협의회(생존사)가 3년 가까운 법적 소송 끝에 강제철거 명령을 이끌어낸 것인데, 실제 집행은 쉽지 않았다. "애린원은 국가도 법원도 못 건드린다."라는 말까지 나왔을 정도였다.

시설물을 강제철거하기 위해서는 우선 보호 중인 동물들을 밖으로 빼내야 했다. 이에 2019년 9월 25일 애린원에서 보호 중인 동물들에 대한 구조가 진행됐는데, 나도 기꺼이 구조 작전에 동참했다. 예전 생각이 많이 났기 때문이다.

수의대 재학 시절 '팔라스'라는 동물의료봉사동아리 회장을 맡아 활동했다. 팔라스는 한 달에 1~2회 국내 유기동물보호소 봉사활동과 1년에 한 번 해외 봉사활동을 했는데, 가장 많이 방문한 국내 보호소가 바로 애린원이었다. 기억나는 것만 수십 번에 이른다.

애린원은 보호 동물 수가 수천 마리에 달하는 국내 최대 사설 보호소였다. 보호 동물이 워낙 많다 보니 여러 가지 문제점이 발생했고, 그만큼 도움의 손길도 많이 필요로 했다. 지도교수님, 수의사 선배님들과 함께 애린원에 방문할 때마다 중성화수술, 예방접종, 구충, 피부병 치료 등 동물의료봉사를 열심히 했지만 상황은 계속 악화되어 갔다.

봉사 때마다 수십 마리씩 중성화수술을 해도 개체 분리가 되지 않다 보니 개체 수가 계속 늘어났다. 중성화되지 않은 수컷 한두 마리와 암컷 한두 마리만 있어도 몇 달 만에 새끼들이 수십 마리

태어났다. 자유롭게 돌아다니는 아이들이 많아서 보호소에 사람이 들어서는 순간 수백 마리의 개들이 달려들어 걷기 힘들 지경이었다. 아이들의 생활 환경도 나아지지 않았다. 동물 사체가 보호소 여기저기서 확인됐고 세숫대야에는 썩은 사료와 썩은 물이 담겨 있었다.

봉사활동을 할 때마다 '밑 빠진 독에 물 붓는' 생각이 들었지만, 도움의 손길이 절실할 아이들을 외면할 수가 없어 정기적으로 애린원을 찾았다.

봉사활동 때마다 '이런 곳은 보호소가 아니라 지옥이 아닐까?', '누군가 이곳의 악순환을 끊어줬으면 좋겠다'는 생각을 했었는데, 드디어 애린원이 철거된다고 하니 가만히 있을 수가 없었다.

구조 당일, 법원과 시청에 사전 허가를 받은 훈련사와 수의사들이 보호소 내부로 먼저 들어가 아이들을 구조하고 외부에 대기 중이던 활동가들이 구조된 아이들 관리를 맡았다. 나도 수의사 면허증과 신분증 사본을 미리 보내 허가를 받고 보호소 안으로 들어갔다.

오전 10시부터 오후 5시까지 무려 7시간 동안 구조를 했지만 끝내 모든 동물을 구조할 수는 없었다. 잘 관리되는 보호소는 개체들이 각 케이지에 있지만 애린원은 그런 곳이 아니다. 아이들이 보호소 여기저기를 뛰어다니고 보호소 앞 도로와 뒷산을 마음껏 돌아다녔다.

구조 활동 당시 애린원에 보호 중이던 유기동물들

구조 시작 전 대치 장면과 구조 모습

반려동물과 함께하다

보호소와 밖을 연결하는 일명 '개구멍'이 몇 개인지조차 파악이 안 됐다. 이날 구조 과정 중에서도 동물 뼈와 쥐 사체가 발견되고 각종 물품이 먼지에 덮인 채 방치되는 등 열악한 환경이 그대로 노출됐다.

해가 저물며 구조 활동을 끝낼 수밖에 없었는데 구조되지 않은 채 남아있는 동물이 몇 마리인지도 정확히 알 수 없었다. 대략 2~3백 마리가 남아있는 것으로 추정될 뿐이었다.

구조된 개체 수는 총 1,041마리였다. 구조 안 된 동물까지 고려하면 총 1천 2~3백 마리의 유기동물이 있었던 셈이다. 참고로 애린원에는 한때 최대 약 3천여 마리의 유기동물이 있었던 것으로 알려진다.

애린원 앞에는 구조된 아이들의 임시 거처(포천 쉼터)가 마련됐고, 수많은 봉사자들이 방문해 아이들을 돌봤다. 아이들은 포천 쉼터와 비글구조네트워크 보은 쉼터에서 관리 중인데 지금까지도 수의사들과 일반 봉사자들의 발길이 끊이지 않고 있다.

구조 시작 전 아찔한 장면이 연출되기도 했다. 애린원 공 소장과 경찰·법원 사이에 대치 상황이 벌어진 것이다. 아이들을 볼모처럼 잡고 있던 공 소장은 보호소 문을 굳게 걸어 잠갔고 아무도 들어오지 말라고 소리쳤다. 심지어 가스통을 들고나와 사람들을 위협하고 협박했다. 결국, 경찰 관계자들과 집행관들이 강제로 담을 넘어 공 소장을 진압하고 보호소 문을 열었는데, 하마터면

인명 피해로까지 이어질 수 있던 순간이었다.

마지막까지 가스통을 들고나와 사람들을 위협했던 공 소장. 그 사람을 '보호소 소장'이라고 부르는 게 과연 맞을까? 그저 애니멀호더 성향의 동물학대자는 아니었을까?

애린원은 없어졌지만 지금도 전국 여러 사설보호소에 제2, 제3의 공 소장이 존재한다.

보호소라는 이름의 지옥, 사설보호소의 열악한 환경

유기동물보호소는 크게 두 가지로 분류된다. 지자체에서 운영하는 '동물보호센터'가 첫 번째이고, 개인이 운영하는 사설 유기동물보호소(사설보호소)가 두 번째다.

지자체 동물보호센터는 나라(지방자치단체)에서 운영하는 정식 보호소다. 2020년 1년간 총 130,401마리의 유기동물이 발생했는데 이는 지자체 보호센터에 입소된 개체를 파악한 것이다. 지자체 동물보호센터는 2022년 기준 전국에 약 280개 있으며, 그중 55개는 지자체 직영으로 운영되고 나머지는 위탁 운영된다. 지자체 동물보호센터도 문제가 많지만(특히 위탁보호센터) 그래도 제도권 아래에서 관리가 된다. 반면에 사설보호소는 아무런 관리를 받지 않는다. 전국에 사설보호소가 몇 개 있는지도 정확하게

반려동물과 함께하다

알려지지 않았다. 무엇보다 사설보호소인지 아닌지를 구분하는 기준도 없다.

만약 내가 유기동물을 5마리 데려다가 보호하면 사설보호소일까? 나는 아니라고 생각하지만 누군가는 사설보호소가 맞다며 나를 '보호소 소장'이라고 부를 수도 있다. '사설보호소'라는 용어 자체가 비공식 용어고, '사설보호소'에 대한 아무런 기준이 없기 때문이다.

그런데 많은 사람들이 봉사활동을 가는 곳은 지자체 동물보호센터가 아니라 사설보호소다. 세금으로 운영비를 충당하는 보호센터와 달리, 사설보호소는 보호소 소장의 사비로 운영되기 때문에 시설과 환경이 열악한 경우가 많아서다.

사비로 운영하기에 역부족인 사설보호소는 후원비를 모금하거나 사료·물품 기부를 받는다. 봉사자들도 사설보호소에 정기적으로 방문해 청소, 시설보수, 미용, 산책 등을 시행하며, 수의사들의 동물의료봉사도 주로 사설보호소에서 이뤄진다.

개인적으로 사설보호소 20여 곳에 봉사활동을 가봤는데 시설과 관리 수준이 천차만별이다. 웬만한 지자체 보호센터보다 더 좋은 시설에서 아이들을 잘 관리하는 곳도 있지만 애린원처럼 보호소가 아니라 지옥에 가까운 곳도 있다.

사설보호소의 수준 차이에는 많은 원인이 있겠지만, 보호소 소장이 어떤 사람인지가 큰 영향을 미친다.

유기동물보호소,
구원자인가 동물학대자인가

전국 20개 사설보호소를 방문 조사한 농림축산식품부의 '사설동물보호소 실태조사 및 관리 방안 연구(2019)'에 따르면 사설보호소 상당수가 시설·운영 측면에서 열악한 것으로 나타났다.

입소 동물을 위한 격리실이나 사료 보관실, 급·배수시설, 방범시설 및 외부인 출입통제장치 등을 갖추지 못한 보호소의 비율이 30% 이상이었다. 방범시설이 갖춰지지 않은 곳에서는 밤사이 몰래 동물을 버리고 가는 경우가 생길 수 있는데, 이렇게 미처 파악되지 않은 동물이 유입되면 자체 번식으로 이어진다.

나도 이런 장면을 실제 목격한 적이 있다. 수의대생 시절 애린원 봉사를 할 때였다. 애린원 바로 앞에는 찻길이 있는데, 차 한 대가 갑자기 멈춰서더니 강아지를 창문 밖으로 던져 애린원 담장 안쪽으로 버리는 것이 아닌가? 순간 너무 화가 나서 달려갔지만 차는 이미 자취를 감춘 뒤였다. 다른 사설보호소에서도 이런 일이 벌어질 소지가 다분하다.

보호 동물의 개체관리카드를 작성하고 내장형 마이크로칩을 삽입하는 곳은 20곳 중 5곳에 불과했으며, 둘 다 하지 않는 곳은 13곳이었다. 조사대상 사설보호소의 2/3가 동물등록과 개체 관리를 하지 않고 있었던 것이다.

유기동물이 더 늘어나는 것을 막기 위해서는 보호소 동물의 중성화수술이 무엇보다 중요한데 중성화율 100%를 달성한 곳은 절반이 되질 않았다.

보호소 관리 인력도 터무니없이 부족했다. 조사대상 20곳 중 19곳이 5명 미만의 직원으로 운영됐고, 직원 없이 소장 혼자서 운영하는 곳이 절반이나 됐다. 관리 인력이 적으니 당연히 1인당 관리 두수도 엄청났다. 소장을 포함한 직원의 1인당 관리 두수는 평균 96.3마리였으며, 3곳은 1인당 관리 두수가 200마리 이상이었다. 제대로 된 관리가 이뤄질 리 만무한 환경이다. 심지어 이러한 결과는 비교적 '사정이 나은 사설보호소'에서 나온 결과라 더 충격적이다. 시설이 더 열악한 곳은 방문 조사에 협조하지 않았기 때문이다.

이쯤 되면 보호소 소장인지 애니멀호더인지 헷갈린다. 애니멀호딩(Animal Hoarding)은 자신의 능력 이상으로 과도하게 많은 동물을 키우는 과다사육행위를 의미한다. 동물을 양육하는 게 아니라 수집하는 행위이며, 정신질환(수집강박)으로 볼 수 있을 뿐 아니라 동물보호법에 의해 '동물학대'로 처벌될 수 있다. 애니멀호딩을 하는 사람을 애니멀호더(Animal Hoarder)라고 부르는데, 사설보호소 소장 중 애니멀호더가 상당수라는 게 전문가들의 공통된 의견이다.

만약 보호소 소장이 애니멀호더라면 보호소의 개체 수가 계속 증가할 것이다. 개체 수 증가를 문제로 생각하지 않기 때문이다.

동물을 더 많이 수집하려고 하므로 중성화수술을 제대로 하지 않거나 중성화되지 않은 암수 동물을 한 공간에 두기도 한다.

또한 폐쇄적 성향을 가져 외부인의 방문을 싫어하며 입양에도 소극적이다. 모든 동물을 자신이 데리고 있으려고 하기 때문에 적극적으로 입양을 시도하지 않는다. 보호 동물들을 볼모로 잡고 후원금을 받아내는 소장도 많다. 후원자들은 소장이 너무 밉고 싫지만 동물이 불쌍해서 도움의 손길을 끊지 못한다.

유기동물 관리 정책이 '밑 빠진 독에 물 붓기'가 되지 않으려면 반드시 '사설보호소' 문제를 해결해야 한다. 그러기 위해서는 우선 전국 사설보호소 실태조사를 하고 진정한 보호소와 애니멀호더 성향의 보호소를 구분하는 일이 무엇보다 중요하다.

소장이 애니멀호더라면 동물들을 지자체 동물보호센터로 흡수하고, 보호소 소장이 다시는 동물을 과다사육하지 못하도록 관리해야 한다. 이때 정신과 전문의를 통한 '상담과 치료'가 필수라는 게 내 생각이다.

만약, 사설보호소 봉사에 정신과 전문의 또는 심리상담사가 함께 가서 보호소 소장에 대한 정신상담을 해준다면 '보호소를 가장한 지옥'도 줄어들지 않을까?

사설보호소 제도권 편입 위해
준비해야 할 것

사설보호소 문제가 워낙 심각하다 보니 정부도 칼을 빼 들었다. 제도권 밖에 있는 사설 유기동물 보호소를 제도권 안으로 편입하는 정책을 추진하는 것이다.

동물보호법에 따라 정부는 5년에 한 번씩 '동물복지 5개년 종합계획'을 발표해야 하는데, 2020~2024년 동물복지 5개년 종합계획에 사설보호소 신고제를 도입하고 개체관리카드 작성, 보호 중인 동물 공고 의무화, 안락사 기준·번식 방지·분뇨 처리 기준 등을 적용하는 내용이 담겼다.

이 계획은 입법으로 이어져 2022년 4월 국회를 통과했다. 영리를 목적으로 하지 아니하고 유실·유기동물 및 피학대동물을 기증·인수받아 임시로 보호하기 위한 시설을 '민간동물보호시설'로 정의하고, 민간동물보호시설을 설치하려는 자에게 신고의무와 함께 시설 및 인력 기준 등의 준수의무를 부과하는 내용이다.

쉽게 말해, 앞으로 일정 기준 이상의 '사설보호소'는 지자체에 신고를 하고 운영해야 한다는 것이다. 이렇게 신고된 사설보호소는 정부가 지원·관리하고, 그렇지 않은 보호소는 정리될 것으로 보인다.

분명 필요한 정책이다. 많은 사설보호소에서 적절한 보호조치가 이뤄지지 않아 다양한 문제가 발생하고, 현황 파악 및 관리·

감독이 필요하다는 지적이 계속되고 있는 점을 고려할 때 사설 보호소를 더 이상 지금처럼 내버려 둘 수는 없기 때문이다.

하지만 고민해야 할 점도 많다. 우선, 사설보호소를 제도권에 편입해 관리하면 투입되는 세금이 증가한다. 지금도 지자체 동물 보호센터 관리 예산이 매년 증가하고 있는데, 사설보호소의 제도 권 편입을 위해 또 얼마의 혈세가 필요할지 걱정이다.

앞서 살펴본 것처럼 2020년 1년 동안 지자체 동물보호센터 운영 (유기동물 구조, 치료, 보호, 안락사, 입양 홍보 등)에 투입된 세금은 전년 대비 15.1% 늘어난 267.2억 원이었다. 연간 유기동물 발생 수는 2019년(13만 5,791마리)보다 약 3.9%(5,309마리) 감소했는데 투입된 세금은 오히려 대폭 증가했다. 직영 동물보호센터 수가 늘어났 고 인력 확충, 시설 개보수, 양질의 사료 급여 등 각 센터의 동물 관리 수준이 향상됐기 때문이다. 유기동물 관리에 투입된 세금 은 전년대비 2018년 28.9%, 2019년 15.8%, 2020년 15.1% 등 매 년 빠르게 증가 중이다.

그런데 이제 사설보호소까지 제도권에 편입하고 지원해야 하 니 유기동물 관리에 투입되는 세금은 지금보다 더욱 빠르게 증 가할 것이다. 유기동물 문제에 관심 없는 사람들은 "왜 개인이 마음대로 동물을 데려다가 보호하던 곳까지 세금을 써서 도와주 냐."라는 지적을 할 수 있다. 합당한 지적이다. 사회적 합의를 위 해 사설보호소 제도권 편입에 대한 정부의 설득력 있는 명분이

반려동물과 함께하다

필요해 보인다.

두 번째로 고려할 부분은 제도권에 편입할 보호소와 애니멀호딩 성격의 보호소를 정확하게 구분해야 한다는 점이다. 애니멀호더나 판매 목적의 변종 보호소가 판치는 상황에서 '새로운 가정으로의 입양을 목적으로 운영되는 비영리시설'을 잘 구분해 '민간동물보호시설'로 받아들여야 하는데, 현장에서 얼마나 정확하게 보호소 구분이 이뤄질 수 있을지 걱정이다. 쉽지 않은 일이다. 민간동물보호시설의 시설 기준과 신고 기준을 마련할 때, 많은 전문가와 현장 관계자들의 의견이 적절히 반영되길 바란다.

마지막으로 고려할 점은 보호동물의학(Shelter Medicine)의 적용이다. 사설보호소 제도권 편입을 계기로 유기동물의 적절한 관리를 위해 우리나라도 보호동물의학에 관심을 가질 필요가 있다.

보호동물의학은 객관적인 데이터와 과학적인 근거를 바탕으로 유기동물 발생 감소, 입소 개체의 신체·정신적 건강관리, 유기동물 생존율 향상 전략을 수립해야 한다는 인식에서 출발했다. 미국에서는 수의과대학 정식 교육과정으로 편성되어 있고, 동물보호센터 수의사들도 관련 교육을 이수하고 있지만 우리나라에서는 생소한 학문이다.

다행스러운 점은 정부가 보호동물의학의 중요성을 조금씩 인지하고 있다는 점이다. 농림축산식품부는 2021년 10월, 동물보호센터에 입소하는 개체의 건강검진과 예방접종을 의무화하는 동물보호센터 운영지침 개정안을 입법예고 했다. 입소 후 24시간 이내에 개체의 건강상태를 확인하고 응급치료가 필요한 경우 치료해야 한다. 종합백신과 광견병백신 접종도 의무화됐는데, 입소 개체에 대한 전염병 검사와 백신 접종이 보호동물의학의 기본인 점을 고려할 때 동물보호센터 운영지침이 진일보했다고 볼 수 있다.

　유기동물의 적절한 관리를 위해서 보호동물의학이 더욱 발전해야 하고, 동물보호센터에서 자부심을 느끼며 일할 수의사가 늘어나야 한다. 유기동물 복지에 관심을 갖는 수의사·수의대생이 증가하고 있지만, 열악한 시설과 부족한 처우, 그리고 수의학을 충분히 펼칠 수 없는 환경 때문에 '동물보호센터 수의사'를 선뜻 선택하지 못하는 게 현실이다. 수의사와 수의대생(미래 수의사)이 고민 없이 유기동물을 위해 나설 수 있도록 정부 차원의 지원이 필요하다. 수의사·수의대생의 사명감에만 기댈 수는 없는 노릇이지 않은가.

반려동물과 함께하다

반려동물 자격증,
누구를 위한 것인가?

"학범아, 반려동물관리사 자격증 따면 좋을까? 동물 분야가 계속 성장하잖아."

대기업에 다니는 고등학교 친구가 불쑥 전화해 반려동물관리사 자격증 광고를 봤다며 위와 같이 물었다. 나는 1초의 고민도 없이 "아니, 전혀."라고 답했다. 이유는 간단했다. '반려동물관리사'라는 똑같은 이름의 자격증을 발급하는 기관이 수십 개에 이르며 기준도 제각각이기 때문이다.

자격증은 면허증과 다르다. 요리사 자격증이 없는 사람도 얼마든지 요리를 할 수 있지만, 운전면허증이 없는 사람이 운전을 하면 불법행위다. 이처럼 자격증은 그 사람이 그 일을 더 잘한다는 증명이고, 면허증은 면허를 가진 사람만 그 일을 할 수 있다는 고유의 권한을 부여하는 것이다.

동물과 관련된 면허증은 수의사 면허증, 수산질병관리사 면허증, 가축인공수정사 면허증 3가지뿐이다. 즉, 우리가 흔히 접하는 미용사, 훈련사 등은 모두 '자격증'인 것이다. 쉽게 말하면 자격증을 취득하지 않아도 애견미용사, 애견훈련사가 되는 데 아무런 제약이 없다.

자격증은 '국가자격'과 '민간자격'으로 나뉘고, 민간자격은 다시 '공인민간자격'과 '등록민간자격'으로 나뉜다. 꼭 그런 것은 아니지만 민간자격보다는 국가자격이 더 낫고, 민간자격중에서는 국가가 공인한 '공인민간자격'이 '등록민간자격'보다 더 낫다. 국가가 한 번 검증을 했기 때문이다.

문제는 거의 모든 동물자격이 국가 공인이 필요 없는 '등록민간자격'이라는 점이다. 민간자격은 민간자격정보서비스(https://www.pqi.or.kr/)에서 검색할 수 있는데 동물과 관련된 자격증을 검색하면 수백 개의 자격증을 확인할 수 있다.

반려동물과 함께하다

동물 관련 자격증

반려동물관리사, 반려동물관리지도사, 반려동물종합관리사, 반려견종합관리사, 반려묘관리사, 올바른반려동물전문가, 반려동물아로마지도사, 반려동물베이커리응용전문가, 반려동물푸드코디네이터, 반려동물식품전문가, 반려동물영양관리사, 반려견영양사, 반려동물자연식지도사, 반려견비건푸드지도사, 반려동물플라워케이크전문가, 반려동물케이크전문강사, 반려동물장례지도사, 국제반려동물핸들러, 반려동물생활상담사, 반려동물돌봄관리사, 펫시터, 반려묘돌봄관리사, 반려동물행동교정사, 반려동물행동상담지도사, 반려동물예절교육사, 반려견행동전문가, 반려견훈련사, 반려견생활예절지도사, 반려견운동지도사, 반려견지도사, 반려견갈등조정전문가, 반려견안전지도사, 동물유치원교육사, 반려견유치원교육사, 반려동물미용사, 반려견미용사, 애견미용사, 반려견미용전문가, 반려동물미용지도사, 동물복지전문가, 동물복지관리사, 반려동물테크니션, 반려동물서비스코디네이터, 동물매개심리상담사, 동물매개놀이교육지도사, 반려견매개활동사, 반려견매개상담사, 동물교감사, 반려동물상실교육전문가, 반려견산책전문가, 반려견패션디자이너, 애견패션디자이너 등등.

동물 관련 민간자격 수는 2017년 6월 111개에서 2018년 8월 200개로 증가했으며, 2021년 4월에는 338개, 2022년 2월에는 502개까지 증가했다. 2021년 4월부터 2022년 2월까지 증가율은 무려 50%에 육박한다.

이 중에는 제대로 운영되지 않는 자격증도 많다. 동물 자격증의 약 3/4이 지난 1년간 1명도 따지 않은 자격증이다. 또한, 애완동물관리사, 애완동물핸들러, 애완동물관리지도사처럼 이름에서부터 기본적인 개념도 없는 자격증도 있다. 애완동물의 애는 '사랑 애(愛)'로 문제가 없지만 완은 '희롱할 완(玩)'으로 장난하다, 놀이하다, 깔보다, 업신여기다, 얕보다, 구경하다, 장난감 등의 뜻을 가지고 있다. 그래서 '애완동물'은 '사랑스러운 장난감 동물'으로 해석되므로 사용하면 안 된다. 애견, 애묘는 되지만, 애완견, 애완묘, 애완동물은 쓰지 말아야 한다. 그럼에도 애완동물이라는 단어가 들어간 자격증을 쉽게 찾을 수 있으니 우리나라 반려동물 관련 자격증의 현주소가 어떤지 잘 알 수 있다.

자격증 장사로 전락한
반려동물 자격증

동물 관련 자격증은 취득 비용도 만만치 않은데 보통 수십만 원에서 수백만 원의 비용이 든다. 자격증을 1~3급으로 나누어 2급

자격증을 따기 위해서는 3급 자격증을 먼저 따야 하고, 1급 자격증을 따기 위해서는 2급 자격증을 먼저 따야 하는 식으로 운영하는 자격도 많다. 자격증 시험 응시를 위한 수강료만 백만 원이 넘는데 응시료, 자격발급비, 교재비 등을 별도로 받는 자격도 있다. 일부 유명 자격증은 (실제 취업에 별 도움이 되지 않음에도 불구하고) 수천 명이 응시해 연간 수억 원의 수입을 낸다.

상황이 이쯤 되니 '반려동물 자격증 장사가 판을 친다'는 지적이 나온다. 반려동물 관련 자격증 대부분이 국가공인자격이 아니라 한국직업능력개발원에 등록하면 되는 민간자격증인데다가, 유사한 명칭의 자격증(심지어 동일한 명칭)이 남발되고 있으며 발급기관별로 교육 내용, 교육 기간, 이수 기준도 통일되지 않아 자격증의 신뢰도가 떨어지고 있다.

만약, 반려동물 관련 자격 취득을 원한다면 자격관리기관(공동발급기관)의 역사, 연혁, 사단법인 여부를 꼼꼼히 따져보고, 자격증 운영상황(응시자 수 등)을 반드시 체크해보자. 또한 해당 자격의 미래전망을 고민해보고 관련 전문가에게 의견을 묻는 것을 추천한다.

반려동물 관련 민간자격증 중 유일하게 국가공인을 받은 자격이 있는데 바로 (사)한국애견협회가 발급하는 '반려견스타일리스트'다(부분공인). 따라서 반려동물미용에 관심 있고 민간자격증이라도 따고 싶은 사람이라면, 국가공인을 받은 '반려견스타일리스트' 자격 취득을 우선 고려해볼 수 있을 듯 하다.

이런 상황에서 2022년 2월 27일, 제1회 동물보건사 자격시험이 진행됐다. 동물보건사는 동물병원에서 수의사를 도와 동물의 간호 및 진료보조를 담당하는 사람을 뜻한다. 기존에 동물병원 간호사, 수의테크니션, 동물간호사 등 다양한 이름으로 불렸으나 정식 자격제도는 없었다.

동물보건사 시험이 큰 관심을 받은 이유는 동물보건사가 우리 나라 역사상 첫 번째 반려동물 관련 '국가자격'이기 때문이다. 앞서 자격증은 국가자격과 민간자격으로 나뉘고, 민간자격은 다시 공인민간자격과 등록민간자격으로 나뉜다고 설명했는데, 반려동물 관련 자격 중 현재까지 동물보건사만 유일한 국가자격이고 나머지는 모두 민간자격이다(반려견스타일리스트는 '공인'민간자격).

국가자격이긴 하지만 '면허증'이 아닌 '자격증'이므로 동물보건사 자격증이 없어도 동물병원에서 수의테크니션으로 얼마든지 근무할 수 있다. 법적인 업무 범위에는 차이가 없기 때문이다. 다만 관련학과를 졸업하고 국가시험에 합격해야 하므로 동물보건사 자격을 갖춘 사람의 전문성이 더 높을 것으로 기대를 모으고 있다.

반려동물과 함께하다

'동물보건사' 이어
'반려동물행동지도사' 국가자격 인정

동물보건사에 이어 반려동물행동지도사(훈련사)가 반려동물 분야 두 번째 국가자격이 됐다. '반려동물행동지도사'를 국가자격화하는 동물보호법 개정안이 2022년 4월 국회를 통과한 것이다.

'반려동물 행동교육 전문인력 육성 지원'은 문재인 전 대통령의 반려동물 대선공약 3번이었는데 대통령 임기 마지막 정기국회에서 결국 통과됐다. 문제는 '제도부터 도입하고 세부사항은 나중에 정하자'는 정부의 자세다. 이미 동물보건사 제도를 도입할 때 과정보다 결과만 좇다가 큰 부작용을 냈는데, 비슷한 실수를 또 반복하고 있는 것 같아 우려된다.

동물보건사(일명 수의테크니션) 직업군의 제도화가 처음 언급된 것은 지난 2016년 3월 4일이다. 한 일간지에서 「미국엔 동물간호사 8만 명…정부가 나서 길 열어줘라」라는 기사가 게재되면서 제도 마련의 불씨를 지폈고 정부가 '일자리 창출'을 외치며 맞장구쳤다.

당시 정부는 "동물병원 보조인력(3,000명)이 전문인력으로 양성되어 수준 높은 진료서비스 제공 및 일자리 증가가 예상된다. 미국과 같은 진료환경으로 개선 시 향후 1만 3천 명의 고용 창출이 추산된다."라고 밝혔다. 이미 수의테크니션들이 동물병원에 근무하고 있는 상황에서 동물보건사 국가자격화가 정말 일자리 창출에 도움이 되는지 의문이었다. 일하던 사람이 자격증을 취득한다고 일자리 자체가 늘어나는 건 아니지 않은가. 그런데도, 동물의료계 내부에서 제도 도입의 필요성을 충분히 논의하기도 전에 정부가 먼저 '일자리 창출'을 하겠다며 제도 도입을 밀어붙였다.

'선 제도 도입 후 고민'을 추구한 정부의 안일함은 현장의 혼란으로 이어졌다. '제1회 동물보건사 시험날'에서 시간을 불과 몇 달 전으로 돌리면 '몇 달 후 첫 시험이 있는데 시험과목도 모르고 인증기준도 모르고 보건사의 세부 업무 범위가 무엇인지도 모르는 황당한 상황'을 맞이하게 된다.

동물보건사 시험에 응시하려면 '동물보건사 양성기관 평가인증'을 받은 학교를 졸업해야 하는데 제1회 시험을 불과 2달여 앞두고 평가인증 결과가 발표됐다. 총 15개 학교가 인증을 받았는데 탈락한 학교 중에는 동물보건사 배출을 위해 지역수의사회·동물병원그룹과 협약을 맺고 동물보건사 양성을 준비하던 학교도 포함되어 있었다. 해당 학교 학생들은 동물보건사 자격시험 응시자격을 박탈당했고, '낙동강 오리알'이 되고 말았다. 현장에서는 '인증평가가 최소 시험 2년 전에만 진행됐더라도 애꿎은 학생들이 시험 볼 기회조차 박탈당하는 일이 없었을 것'이라는 아쉬움의 목소리가 들린다. 조금만 빨리 시험과목이 확정되고 인증평가 기준이 나왔다면 그에 맞춰서 학과 커리큘럼을 짜고 준비할 수 있었다는 것이다.

반려동물과 함께하다

논의와 합의는 제쳐둔 채 '제도부터 도입하고 세부사항은 나중에 정하자'는 자세가 현장의 혼란과 피해로 이어진 것이다.

그런데 반려동물행동지도사 제도 도입 과정도 비슷해 보인다. 법은 국회를 통과했지만, 동물보건사와 마찬가지로 세부 내용 논의는 아직 기약이 없다.

펫시팅, 동물매개치료, 동물장례지도 등 반려동물 산업에서 새로운 분야가 계속 생겨나고 있다. 소비자들은 관련 분야 전문가를 원한다. 동물보건사, 반려동물행동지도사에 이어 더 많은 반려동물 국가자격이 생길 것으로 예상되는 이유다.

앞으로 국가자격이 도입될 때는 동물보건사처럼 시험을 몇 달 앞두고 '번갯불에 콩 볶아 먹듯' 준비하는 일이 생겨서는 안 된다. 부디 동물보건사 제도 도입 과정에서 벌어진 혼란을 교훈으로 삼길 바란다.

인수공통감염병 시대를
살다

미지의 질병 대부분
인수공통감염병

전 세계를 휩쓴 코로나19가 우리의 삶을 송두리째 바꿨다. 온라인 수업, 재택근무, 줌 회의 등 '비대면'이 일상이 되었고, 언제 다시 원하는 곳을 자유롭게 갈 수 있을지 알 수 없다.

아직까지 정확하게 밝혀지지는 않았지만 코로나19는 중국 우한에서 시작된 것으로 전해진다. 우한 시장은 비위생적인 환경에서 수만 마리의 야생동물이 거래되던 곳인데, 이곳에서 여러 미생물이 뒤섞이며 신종 바이러스가 생겨났을 가능성이 크다. 만약 우한 시장에서 바이러스가 시작된 것이 사실이라면, 야생동물을 비위생적으로 먹는 중국의 문화가 전 세계 수백만 명의

반려동물과 함께하다

목숨을 앗아간 것이 된다.

우리가 이번 팬데믹을 계기로 꼭 기억해야 하는 것은 코로나19
가 사람과 동물이 함께 감염되는 인수공통감염병(Zoonosis)이라는
점이다. 코로나19처럼 기존에 없던 새로운 미지의 질병을 질병
X(Disease X)라고 부르는데, 질병 X의 상당수가 인수공통감염병이
며 사람이 아니라 동물로부터 생겨난 것이다. 대표적인 인수공통
감염병은 2002년 11월 중국 남부 광둥성에서 처음 발생해 홍콩을
거쳐 전 세계로 확산된 사스(SARS, Severe Acute Respiratory Syndrome, 중증
급성호흡기증후군)다. 사스는 2003년까지 전 세계를 휩쓸며 8,096명
을 감염시켰고, 그중 774명의 목숨을 앗아갔다(사망률 9.6%).

2009~2010년 전 세계 214개국에서 18,500명의 목숨을 앗아간
신종플루(신종 인플루엔자 A(H1N1)) 역시 인수공통감염병이었다.
신종플루는 A형 인플루엔자에 감염된 돼지로부터 생겨난 것으로
전해진다. 멕시코에서 처음 등장해 미국으로 퍼진 뒤 전 세계적
으로 확산됐다. 우리나라에서도 75만여 명이 감염되어 270명이
사망했다. 인플루엔자에 감염된 돼지부터 시작됐다고 초기에 '돼
지 독감(돼지인플루엔자)'으로 불리기도 했다(서울아산병원 질병백과).

아직 우리나라에 발생하지는 않았지만 2014~2016년 서아프
리카에서만 1만 1천 명 이상의 목숨을 앗아간 에볼라바이러스도
인수공통감염병이다. 사망률이 60~75%나 되는 무서운 감염병
으로 박쥐가 중간 숙주다.

코로나바이러스 감염으로 인한 중동호흡기증후군 메르스 (MERS, Middle East Respiratory Syndrome) 역시 인수공통감염병이다. 메르스는 2012년 4월부터 사우디아라비아 등 중동에서 시작됐으며 대부분 환자가 중동 지역에서 나왔다(사망률 41%). 중동 지역 외 우리나라, 유럽 등 27개국에서 2,482명의 환자가 발생했고, 854명이 사망했다. 우리나라에서는 186명이 감염되어 38명이 사망했다(사망률 20.4%). 우리나라에서 메르스가 발생했을 때 애꿎은 서울동물원 낙타가 메르스 검사를 받은 일이 화제가 됐다. 낙타와의 접촉을 통해 메르스 바이러스가 전파될 가능성이 컸기 때문이다.

거의 매년 발생하는 조류인플루엔자도 인수공통감염병이다. 아직 우리나라에서 사람 감염사례가 보고되지 않았기 때문인지 많은 사람이 조류인플루엔자에 관심이 없다. "조류인플루엔자가 지금도 있어요?"라며 반문한다.

하지만 2021~2022년 겨울에도 40여 건이 발생하며 500여만 마리의 조류가 살처분될 정도로 한국의 조류인플루엔자 상황은 심각하다. 심지어 중국과 홍콩에서는 2016~2017년 조류인플루엔자가 사람에게 전파되어 300여 명이 목숨을 잃었다. 최근 영국 등에서도 조류인플루엔자의 사람 감염이 보고되고 있는데, 우리나라도 조류인플루엔자 사람 감염사례·사망자가 나오지 않으리란 보장이 없다.

반려동물과 함께하다

이처럼 몇 년에 한 번씩 전 세계를 긴장시키는 신종감염병들은 대부분 인수공통감염병이다. 세계동물보건기구(WOAH, 구 OIE)에 따르면 매년 5개의 새로운 사람 질병이 생겨나는데(신종감염병) 이 중 60%가 인수공통감염병이며, 그중 75%가 동물에서 사람에게 전파된다고 한다. 매년 3~4개의 새로운 사람 질병이 동물로부터 기원하는 셈이다.

동물도
코로나19에 감염될 수 있다

코로나19도 사람과 동물이 함께 감염되는 인수공통감염병인데 많은 사람이 코로나19 동물 감염에 관심이 없다. 정부가 정보를 투명하게 공개하지 않기 때문이다. 국민 대부분이 '동물도 코로나19에 감염된다'는 사실 자체를 모르고 있다.

2020년 2월 홍콩에서 반려견 한 마리가 코로나19에 확진되며, 전 세계에서 처음으로 동물 감염 사례가 나왔다(60세 확진자 여성이 기르던 포메라니안이다). 그 뒤 2022년 6월까지 개, 고양이, 밍크, 사자, 호랑이, 퓨마, 햄스터, 페럿, 고릴라, 수달, 스라소니, 살쾡이, 표범, 사슴, 하이에나, 코아티, 하마 등 전 세계 36개국 23종 678마리의 동물이 코로나19에 감염됐다.

우리나라는 2021년 1월 고양이 확진을 시작으로 동물 감염사례가 나오기 시작했다. 전국 동물위생시험소에 동물 코로나19 검사 시스템이 마련됐고, 서울, 세종, 경기도 광주, 광주광역시 등 각 지자체에서 반려동물 감염사례가 몇 번 보고되었는데 지금은 중앙정부·지자체 모두 공식적으로 '동물 코로나19 감염사례'를 발표하고 있지 않다.

현재까지 통계는 알 수 없지만 2021년 국정조사 때 맹성규 더불어민주당 의원(인천 남동갑)이 제출받은 자료에 따르면, 국내에서 코로나19에 확진된 반려동물은 2021년 8월 17일까지 총 89마리였다. 개가 55마리, 고양이가 34마리였는데 실제 동물 감염사례는 이보다 훨씬 많았을 것으로 추정된다. 왜냐하면 89마리 중 80마리가 서울에서 발생한 경우였는데, 이는 서울만 제대로 자료를 공유했고 다른 지자체는 공유하지 않았다는 것을 의미하기 때문이다. 더 큰 문제는 '코로나19 동물 감염사례'를 국제사회에도 보고하지 않는다는 것이다. 최소 89마리의 동물 감염사례가 있음에도 동물 코로나19 발생국 명단에 대한민국은 빠져있다.

세계동물보건기구는 2020년 동물 코로나19 감염이 확인되자 코로나19 포털(WOAH COVID-19 Portal)을 개설했다. 포털을 통해 전 세계 동물 감염사례와 Q&A, 언론 보도, 대응방침 등을 안내한다. 포털은 며칠 주기로 업데이트되는데 아직 국내 감염사례는 찾아볼 수 없다. 가까운 일본 사례도 안내되어 있지만 우리

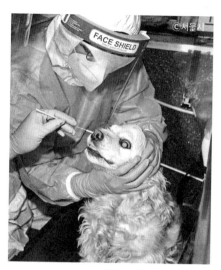

서울시 동물 코로나19 검사

나라는 발생국 지도에 표시조차 되어있지 않다. 이유는 간단하다. 우리나라가 코로나19 동물 감염사례를 국제기구에 보고하지 않았기 때문이다. 정부 관계자가 직접 "코로나19가 발생했을 때 WOAH에 의무적으로 보고해야 하는 질병이 아니기 때문에 보고하지 않았으며, WOAH에서도 우리나라에 등록 요청을 하지 않았다."라고 답했다.

인수공통감염병 시대를 살다

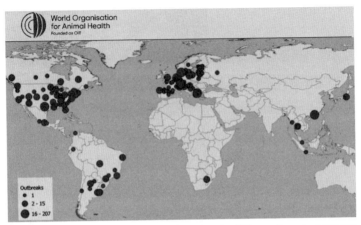

WOAH OIE COVID-19 포털 지도에 표시가 안 되어 있는 한국　　ⒸCOVID-19 포털 캡처

　세계동물보건기구는 매년 총회에서 등재 질병 리스트를 검토하고 새로운 질병 리스트를 1월 1일에 적용한다. 2022년 기준 총 117개의 동물 질병과 감염체를 보고해야 하는데, 여기에 코로나19가 없다. 보고의무가 없기 때문에 보고하지 않았다는 정부 관계자의 설명은 틀린 말이 아니었다. 하지만 의무사항이 아니더라도 정보의 투명성과 국제사회의 알 권리 차원에서 코로나19 감염사례를 보고했어야 한다.

　전 세계적으로 이슈가 되고 있고 다른 나라도 감염사례를 공유하고 있는 만큼 우리나라도 코로나19 동물 감염사례를 국제기구에 보고해야 하는 게 상식이지 않을까?

　　　　　　　　　　　　　　　　　반려동물과 함께하다

더 황당한 건 해외의 코로나19 동물 감염사례는 국내에 공유하고 있다는 점이다. 검역본부는 홈페이지를 통해 해외 가축전염병 발생 동향을 공유하는데, 자료 출처는 세계동물보건기구 세계동물질병정보시스템(WAHIS, World Animal Health Information System)이다. 전 세계에서 발생한 코로나19 동물 감염사례도 홈페이지를 통해 실시간으로 우리나라에 공유된다. 그러나 국내 사례는 WOAH에 보고하지 않고 있다.

모니크 에르와(Monique Eloit) WOAH 사무총장은 몇 년 전 한국 방문 당시, 이렇게 말한 적이 있다. "동물 건강 정보를 전 세계에 빠르게 보급하기 위해서 동물 질병 정보를 실시간으로 투명하게 공개한다."

우리나라가 선진국이고 진정으로 동물과 사람의 건강 및 공중보건을 신경 쓴다면 WOAH 회원국으로서 부끄러운 일을 하면 안 된다. 앞으로 또 어떤 질병 X가 등장할지 모르는데 그 질병 X의 동물 감염사례도 '의무사항이 아니라는 이유'로 보고하지 않을 것인가? 늦었지만 지금이라도 코로나19 동물 감염사례를 실시간으로 국민에게 공유하고 국제사회에도 보고해야 한다.

반려동물 코로나19 감염,
아직 안전 단계

그렇다면 코로나19에 감염된 동물은 어떤 증상을 보일까? 코로나19 감염 시 반려동물은 아무런 증상을 안 보이는 경우가 많다. 보인다고 하더라도 발열, 기침, 호흡곤란, 눈·코 분비물 증가, 구토, 설사 등 비특이적인 호흡기·소화기 증상을 나타낸다.

개, 고양이의 경우 증상이 심하지 않고 치사율도 낮기 때문에 너무 걱정할 필요가 없다. 미국에서 확진자가 500만 명이었을 때 반려동물 감염사례는 단 5건에 불과했다. 미국의 반려동물 양육인구 비율(67%)을 고려하면, 확진자 중 약 353만 명이 반려동물과 함께 살고 있었다는 추정이 가능하다. 그런데 반려동물 감염사례가 5건뿐이었던 걸 보면 사람보다 개·고양이의 감수성이 훨씬 낮음을 알 수 있다. 단, 개보다 고양이의 감수성이 높은 건 사실이다.

미국 미네소타주에서 반려견, 반려묘 대상으로 혈청분석한 연구에 따르면 510마리 반려견의 항체 양성률은 1% 미만에 그친 반면, 반려묘는 239마리 중 8%가 항체 양성을 나타냈다.

반려묘뿐만 아니라 동물원의 고양잇과 동물(퓨마, 사자, 호랑이 등)에서 코로나19 확진 사례가 나온 것도 고양이가 개보다 감수성이 높음을 방증한다.

실험을 통해서도 어린 고양이가 특히 민감하고 무증상 감염과

반려동물과 함께하다

유증상 감염이 다 발생하며 호흡기를 통해 바이러스를 배출하는 것이 확인됐다. 다만, 특수환경에서 대량으로 바이러스에 노출시킨 실험상의 결과이므로 과도한 불안감을 가질 필요는 없다.

우리나라에서는 대구에서 코로나19가 한창 확산되던 지난 2020년, 반려동물에 대한 코로나19 항체검사가 진행된 적이 있다. 경북동물위생시험소에서 대구지역 반려동물 109마리(개 59마리, 고양이 50마리)를 대상으로 코로나19 항체 보유현황을 조사했는데, 단 한 마리도 양성이 나오지 않았다. 코로나19 바이러스에 감염됐던 반려동물이 한 마리도 없었던 것이다.

이처럼 개, 고양이 등 반려동물은 코로나19에 감수성이 낮고 감염되더라도 치사율이 높지 않으므로 '반려동물이 감염되면 어떻게 하지'라는 과도한 걱정을 할 필요가 전혀 없다(적어도 현재까지는 말이다).

무엇보다 개, 고양이가 사람에게 바이러스를 전파한 사례가 단 한 건도 없다. 일반적인 인수공통감염병이 동물에서 사람으로 전파되는 것과 달리 모든 개, 고양이 코로나19 감염사례는 모두 보호자가 동물에게 전파한 경우였다. 사람에게서 동물로 감염되는 역인수공통감염병(Reverse Zoonosis)인 것이다.

따라서 반려동물이 사람에게 코로나19를 전파할까 우려해 동물을 버리거나 죽이는 일은 '말도 안 되는 짓'이다. 코로나19 확산 초기, 중국에서 '개, 고양이가 사람에게 바이러스를 전파한다'

는 잘못된 소문 때문에 개, 고양이를 내다 버리고 심지어 죽이는 일까지 있었다. 비과학적인 '막연한 두려움'이 얼마나 어이없는 결과를 만드는지 알 수 있다.

개, 고양이보다 심각한 동물은 따로 있다. 바로 '밍크'다. 네덜란드, 덴마크를 중심으로 모피 산업을 위해 밍크를 대량 사육하는 농장(밍크 농장)에서 코로나19가 집단 발병해 수많은 밍크가 죽고, 살처분됐다. 프랑스, 아일랜드, 미국, 캐나다에서도 밍크 감염사례가 보고됐다.

특히, 네덜란드와 덴마크에서는 밍크 간 코로나19 전파뿐만 아니라, 밍크에서 사람으로의 전파 의심사례도 나왔다. 코로나19 바이러스가 밍크에서 유전적으로 진화하여 새로운 변종이 된 후에 다시 사람에게 전파된 사례까지 나왔다. 밍크 산업이 발달하지 않은 우리나라에서는 이런 걱정을 할 필요가 없어 다행이다.

물론 안심은 금물이다. 아직 우리는 코로나19 바이러스에 대해 정확히 알지 못하고, 또 어떤 변이 바이러스가 나올지 모르기 때문이다. 따라서 동물 코로나19 감염에 대한 과도한 두려움을 가질 필요는 없지만, 지속해서 새로운 정보를 확인하는 것이 중요하다.

반려동물과 함께하다

코로나19 관련
반려동물 관리지침

만약 반려동물이 코로나19에 걸린 것 같다면 어떻게 해야 할까? '코로나19 관련 반려동물 관리지침'에 따라 의심되는 개·고양이의 PCR 검사를 의뢰할 수 있는데, '반려동물이 코로나19 확진자와 접촉했다'는 전제 조건이 필요하다. 반려동물의 경우 사람이 동물에게 전파한 사례만 있었고, 동물이 사람에게 전파한 사례는 없으므로 코로나19 확진자에 노출된 이후, 발열, 기침, 호흡곤란, 눈·코 분비물 증가, 구토, 설사 등의 의심증상을 보이는 동물만 검사를 받을 수 있다.

반려동물에 대한 검사를 신청하면 지자체 보건부서와 전국 17개 시도 동물위생시험소가 합의하여 검사 여부를 결정하는데 코로나19 확진자와 반려동물이 접촉했었는지와 의심증상이 있는지를 확인한다. 지자체 위촉 공수의 등이 시료를 채취하여 시도 동물위생시험소에 검사를 의뢰하고, 동물위생시험소에서 유전자검사법(Realtime RT-PCR)으로 검사를 진행한다(문의: 1339 / 1588-9060, 1588-4060). 검사결과가 나오기 전까지 반려동물의 외출은 금지된다.

만약 반려동물이 코로나19에 감염됐다면 자택에서 격리해야 한다. 만약 자택격리가 어려운 경우라면 지자체 위탁 보호 돌봄 서비스를 이용할 수 있다.

반려동물의 격리기간 동안 보호자는 무엇을 해야 할까. 우선 가족 중 한 사람을 지정하여 반려동물을 돌보도록 한다. 돌봄 담당자는 고령자나 어린이, 기저질환이 있는 가족은 제외하는 게 좋다. 특히 다른 가족과 접촉하지 않도록 별도의 분리된 공간에서 동물을 돌본다. 격리 중인 동물을 만질 때는 마스크와 장갑을 착용하고 접촉 전후에 항상 비누로 손을 씻는다. 손 소독 등 개인위생 관리에도 만전을 기해야 한다. 만지기, 안기, 입 맞추기, 음식 나눠 먹기 등은 금지되며, 밥그릇, 장난감을 만지거나 배설물을 처리할 때는 비닐장갑을 착용하고 밀봉 봉지에 장갑, 쓰레기, 배설물을 처리해야 한다.

격리장소를 소독할 때도 반드시 마스크와 장갑을 착용하고 비누와 물로 표면을 씻은 다음 소독제를 사용하는 것이 추천된다. 동물병원 진료가 필요한 경우에는 사전에 전화로 수의사와 상담 후 동물병원 방문 여부를 결정해야 한다. 그래야 동물병원에서도 다른 진료 예약을 미루거나, 소독, 격리 입원실 준비 등 대처를 할 수 있다.

코로나19 확진 반려동물의 격리는 양성 판정 14일 경과 후 또는 PCR 검사 결과 음성이면 해제된다.

반대로 보호자가 코로나19에 확진됐을 때는 반려동물과 접촉을 삼가고 다른 가족구성원이 사료를 주고 산책시키고 씻기는 등 반려동물 돌봄을 맡아야 한다. 만약 확진자 혼자 반려동물을 양육하고 있었다면 격리 기간 동안 반려동물을 다른 곳에 맡기는 것을 추천한다.

반려동물도 코로나19 백신이 있는지 묻는 사람이 많다. 정답은 '그렇다'다. 2021년 4월 러시아가 동물용 코로나19 백신 The Carnivak-Cov Vaccine을 개발하고 허가까지 내서 자국 반려동물에게 접종하고 있다. 개, 고양이, 밍크, 여우 등 다양한 동물을 대상으로 테스트했을 때 6개월간 효과가 지속됐다는 게 러시아의 설명이다.

미국에서도 조에티스(구 화이자동물약품)가 동물용 코로나19 백신을 개발해서 동물원 동물에 우선 접종했다. 밍크 감염 피해가 큰 핀란드도 동물용 코로나19 백신 접종 계획을 발표했다. 반려동물보다 동물원 동물이나 밍크 등 농장동물에게 우선 접종하는 분위기인데, 반려동물보다 감수성이 높고 감염됐을 때 피해가 크기 때문이다.

우리나라에도 반려동물 코로나19 백신이 출시됐다. 씨티씨백이 러시아, 미국에 이어 전 세계 3번째로 코로나19 백신을 출시한 것이다. 그렇다면 반려동물에게도 코로나19 백신 접종을 꼭 해야 할까?

현재까지만 보면 반려동물의 코로나19 백신 접종은 꼭 필요해 보이지 않는다. 반려동물 코로나19 감염사례는 모두 사람 확진자로부터 동물이 감염된 경우였다. 결국, 사람이 백신 접종을 하고 사람에게 코로나19 발생 사례가 줄어들면 자연스레 반려동물의 코로나19 감염도 줄어들게 되어있다. 반려동물에게 코로나19 백신 접종은 '필수가 아닌 선택'인 것이다. 반대로 밍크 등 산업에 피해를 주는 경우에는 백신 접종이 필요해 보인다.

코로나19는 원헬스(One Health)의 중요성을 널리 알리는 계기가 됐다. 원헬스는 사람, 동물, 환경의 건강이 별개가 아니라 서로 연결되어 있다는 개념이다. 즉, 사람이 아프면 동물이 아프고, 환경이 아프면 사람·동물이 아플 수 있다는 것이다. 코로나19처럼 신종 인수공통감염병이 앞으로도 계속 등장할 것이다. 코로나19가 종식되지도 않았는데 원숭이두창이 전 세계로 퍼지고 있지 않은가? 이때 사람과 동물의 질병을 따로 대응한다면 효율적인 방역을 할 수 없다.

　원헬스 개념을 바탕으로 관련 정부 부처와 전문가들이 한마음 한뜻으로 대응해야 효율적인 방역이 가능한데, 좋은 사례가 하나 있다. 바로 'SFTS 사람-동물 간 전파사례 감시체계 구축 사업'이다.

　SFTS(Severe Fever with Thrombocytopenia Syndrome, 중증열성혈소판감소증후

군)는 2013년부터 2021년까지 총 1,496명이 감염되어 그중 278명이 사망할 정도로 심각한 인수공통감염병이다(사망률 18.6%).

특히 최근 우리나라에서 SFTS에 감염된 동물을 통해 사람이 감염되는 2차 감염사례가 지속 보고되어 문제가 심각하다. 서울대 수의대 채준석 교수팀이 2019년~2020년 166개 동물병원에서 반려동물 560마리(개 448마리, 고양이 112마리)를 검사한 결과 항원 감염률은 3.6%, 항체 양성률은 16.1%를 기록했다. 우리나라 반려동물이 SFTS에 꽤 감염되어 있다는 것이다. 심지어 SFTS에 걸린 반려견을 치료한 수의사가 SFTS에 감염됐던 일도 있었다.

상황이 이처럼 심각해지자 질병관리청이 농림축산식품부, 대한수의사회 등 관계 부처와 함께 'SFTS 사람-동물 간 전파사례 감시체계 구축 사업'을 마련했다. SFTS의 사람-동물 간 전파 가능성을 알리고 2차 감염 예방·관리를 통해 사람과 반려동물 모두의 생명과 건강을 보호하기 위한 사업이다. 원헬스 개념이 바탕이 된 사업이라고 볼 수 있다.

우선 질병관리청은 사업에 대한 지침을 배포하고 수의사의 SFTS 2차 감염 예방 및 인식 제고를 위한 교육과 홍보를 담당한다.

동물병원에서는 직원에 대한 SFTS 교육을 하고, 내원한 반려동물이 SFTS로 의심될 경우 적정 개인 보호구 착용 등 2차 감염 예방수칙을 철저히 준수하여 진료하며, 의심동물에 대한 SFTS 확진 검사를 실시한다. 만약 해당 동물이 SFTS로 확진되면 그

즉시 질병관리청에 알린 후 밀접접촉자(동물병원 의료진 중 SFTS 확진 동물과 접촉한 사람)의 건강상태를 15일간 관찰한다. 관찰 기간 안에 증상이 발생하면 질병관리청에 알리고 의료기관을 방문하여 SFTS 감염동물과의 접촉력을 알린 뒤 진료를 받는다.

SFTS 확진 반려동물의 보호자는 스스로 건강상태를 감시하고 증상이 발생하면 질병관리청에 유선으로 알린 후 의료기관에 방문한다. 질병관리청은 감시체계 운영 중 사람과 반려동물 간 SFTS 전파사례가 발생하면 다부처 SFTS 공동 역학조사를 실시한다는 방침이다.

정부는 이 사업을 통해 백신이나 치료제가 없는 SFTS에 대한 예방 및 신속한 대응이 가능해질 것으로 기대하고 있다.

이 사업을 처음 시작할 때 정은경 전 질병관리청장이 아래와 같이 말했다.

"SFTS 사람-동물 간 전파사례 감시체계 구축 사업은 원헬스 관점에서 사람과 반려동물 모두의 건강을 보호하기 위해 민간 전문기관과 여러 부처가 협력하여 추진하는 국민 밀착형 사업이다. 이번 사업이 안전하고 행복한 사회 실현을 위한 하나의 교두보 역할을 할 수 있길 바란다."

SFTS 감시체계 구축 사업을 시작으로 다른 감염병 대응에도 원헬스 개념이 도입되어 사람과 동물이 모두 건강하고 안전한 사회가 되길 기대해 본다.

개 구충제가
기적의 항암제라니?

지난 2019년, 동물용 구충제인 펜벤다졸(Fenbendazole)이 큰 화제가 됐다. 펜벤다졸을 복용하고 증상이 개선됐다고 주장하는 시한부 암 환자의 영상이 퍼져나가면서 전 세계 암 환자들을 흥분시킨 것이다. 우리나라에서도 펜벤다졸 품절 현상이 발생했다.

벤지미다졸(Benzimidazole) 계열의 펜벤다졸은 선충, 흡충, 조충 등 장내기생충을 사멸하는 구충제다. 비교적 안전하고 광범위한 선충류 기생충 감염에 특히 효과가 있어 개, 소, 말, 양 등 동물에게 널리 사용된다.

펜벤다졸은 세포 내 미세관의 기본 단위인 튜불린(Tubulin)에 작용해 세포분열을 저해함으로써 성장을 억제하고 사멸을 유도한다. 암세포와 같이 빠르게 증식하는 세포의 분열을 억제할 수 있는 것이다.

그런데 펜벤다졸은 동물용의약품으로만 허가되어 있고 사람에서는 사용되지 않는 약물이다. 그럼에도 펜벤다졸을 복용한 미국의 암 환자 조 티펜(Joe Tippens)의 사연이 외신과 유튜브 등을 통해 알려지며 엄청난 신드롬을 가져왔다.

폐암 말기로 3개월 시한부 선고를 받았던 조 티펜은 '뇌종양 환자가 펜벤다졸을 복용해 치료됐다'는 수의사의 글을 접하고 의사에게 알리지 않은 채 펜벤다졸을 복용했다. 조 티펜은 "3개월 후인 2017년 5월 PET-CT 검사 결과 암세포가 없어졌다는 결과를 받았고, 같은 해 9월과 이듬해 1월 검사에서도 정상을 유지했다." 라고 주장했다.

펜벤다졸의 항암효과에 대한 학술논문이 국제 학술지에 게재됐다는 사실도 알려졌다. 2017년 〈수의비교종양학회지〉에 개의 신경교종 세포의 튜불린에 펜벤다졸, 메벤다졸이 작용해 사멸 효과를 보인다(Anti-Tubulin Effect)는 실험결과가 발표됐다.

2018년에는 국제 학술지 〈사이언티픽 리포트(Scientific Report)〉에 펜벤다졸이 구충 효과를 보이는 것과 유사한 기전으로 사람의 암세포에 항암효과를 보인다는 연구 결과가 발표됐다.

문제는 조 티펜이 정말 펜벤다졸 복용으로 완치됐는지 증명할 방법이 없고, 관련 논문들이 세포 단위(in vitro)에서 실험했을 뿐 생체(in vivo)에서의 임상시험을 하지 않았다는 점이다. 즉, 효능이나 안전성을 담보할 수 없고 과량으로 투약할 경우 정상적인 세포의 분열을 방해해 세포를 죽이거나 변이를 일으킬 가능성도 있다.

하지만 이러한 부작용 가능성은 암 환자들에게 중요하지 않았다. 동물병원에서 동물약을 구입해 사람이 복용하는 것은 엄연한 불법 행위이지만, 일선 동물병원에 구입 문의가 폭주하고 펜벤다졸 품절 현상이 벌어졌다. 특히, 개그맨 고(故) 김철민 씨가 펜벤다졸을 복용하고 많이 좋아졌다고 주장하며 우리나라에서도 많은 암 환자가 펜벤다졸 복용에 뛰어들었다.

다수의 전문가가 "펜벤다졸은 동물에서도 암 치료용으로 허가받지 않았고 다양한 종류의 암을 대상으로 반복적인 임상시험도 거치지 않았다."라며 "어떤 종류의 암에 어느 정도 효과가 있는지 모르므로 항암 목적으로 처방해서는 안 된다."라고 경고했지만 암 환자들은 여러 루트를 통해 펜벤다졸을 구해 복용했다. 암 환자들이 펜벤다졸을 모조리 사들이는 바람에 정작 구충 목적으로 동물에게 사용할 펜벤다졸을 구하지 못하는 사태까지 벌어졌다.

불법 온라인 유통도 성행했다. 당근마켓, 중고나라 등에서 펜벤다졸이 불법으로 거래된 것이다. 불법 해외직구도 많았는데 국내에 출시되지 않은 제형의 펜벤다졸 제품이 유통될 정도였다. 의약품을 온라인으로 거래하면 약사법에 따라 5년 이하의 징역 또는 5천만 원 이하의 벌금형에 처해질 수 있지만 펜벤다졸의 음성적인 온라인 유통은 계속됐다.

물론 지푸라기라도 잡고 싶은 암 환자들의 심정은 백 번, 천 번 이해한다(필자의 아버지도 암으로 돌아가셨다). 불법임을 알지만 얼마나 절실했으면 그런 일까지 했을까 싶다.

비판받아야 할 사람은 암 환자들이 아니라 돈에 양심을 팔아버린 일부 전문가다. 당시 암 환자들이 펜벤다졸을 구하니까 원가의 수십 배, 수백 배를 받으면서까지 약을 불법판매 한 사람들이 있었다. 정확한 정보를 전달하고 생길 수 있는 부작용을 알려줘야 할 전문가가 돈벌이에 눈을 멀어 그런 짓을 하다니 정말 천벌을 받아 마땅하다.

펜벤다졸을 복용하면서 실시간으로 건강상태를 공유하던 개그맨 고(故) 김철민 씨는 결국, 자신의 오판을 인정하며 "펜벤다졸 복용은 분명히 실패했고 오히려 몸 상태가 악화됐기 때문에 주변에 복용을 절대 권하고 싶지 않다. 다시 돌아가면 복용하지 않을 것"이라고 말했다. 전문가들의 경고가 맞았던 것을 인정한 고 김철민 씨는 몇 달 뒤 세상을 떠났다.

그런데 2년 뒤 비슷한 일이 또 발생했다. 이번에는 암이 아니라 코로나19였다. 미국에서 '동물용 구충제 이버멕틴(Ivermectin)이 코로나19를 치료한다'는 비과학적인 이야기가 소셜미디어를 통해 널리 퍼져나가자 이버멕틴 재고가 바닥이 나 버린 것이다.

이버멕틴은 동물의 기생충 감염을 치료하기 위한 구충제다. 당연히 코로나19 치료제로 승인받은 적이 없다. 하지만 미국에서 이버멕틴 처방 건수가 코로나19 이전보다 24배 이상 증가했다.

이버멕틴 복용 뒤 신체에 이상이 생겼다는 신고가 3배 이상 증가하자 미국질병통제예방센터(CDC)가 "이버멕틴은 코로나19 치료에 효과가 없다."라는 내용의 발표를 여러 차례 하며 경고했다.

펜벤다졸과 이버멕틴 사례의 정보 출처는 모두 인터넷이었다. 유튜브와 페이스북 등을 통해 잘못된 정보가 순식간에 퍼져나갔고 전문적인 지식이 없는 사람들은 그 말을 그대로 믿어버렸다.

SNS가 발달하면서 앞으로도 제2의 펜벤다졸, 제2의 이버멕틴 사례가 발생할 것이다. 그럴 때 중심을 잡아주고 올바른 정보를 전달해야 하는 건 전문가들의 몫이다. 환자들의 '지푸라기라도 잡고 싶은 심정'을 악용해 돈벌이 수단으로 이용하는 이들을 다시는 보지 않았으면 좋겠다.

반려동물 산업과 양육 문화가
발전하길 기대하며

벌써 5번째 책을 쓰게 됐다.

이전에 쓴 4권의 책을 돌아보면 2019년에 펴낸 『반려동물을 생각한다』가 가장 기억에 남는다. 큰 부담을 가진 채 책을 쓰기 시작했고, 책이 나오기까지 꽤 오랜 시간이 걸렸다.

기획안을 받았을 때 '감히 내가 이런 얘기를 해도 될까?'라는 두려움이 들었지만, '그래, 누군가 이런 얘기를 한 번은 해야 하지 않을까?'라는 생각에 열심히 책을 썼던 기억이 생생하다.

책을 탈고하면서 '다시는 이런 (재미없는) 책을 쓰지 말아야지'라고 다짐했다. 그만큼 힘들었다.

그런데 크레파스북에서 다시 한번 책을 써보자고 제안해왔다. '편하게 하고 싶은 이야기를 써달라'는 말이 더 부담스러웠다. 거절할까도 생각했지만, 고민 끝에 다시 펜을 잡았다. 새로운 비즈니스모델이 등장하고, 법이 바뀌고, 다양한 정책이 시행되는 등 반려동물 분야에 많은 움직임이 있었지만, 근본적인 변화는 없다는 판단이 들었기 때문이다.

이번 책에서는 개인적인 경험을 바탕으로 '편하게 하고 싶은 이야기'를 하고자 노력했다. 3년 동안 다양한 경험을 해서 그런지 내 생각도 꽤 변했다. 그리고 무엇보다 배짱이 커졌다. 예민한 주제에 대해서도 가감 없이 내 생각을 적을 수 있게 됐다.

주관적인 글이지만 통계와 자료도 많이 인용했다. 객관적인 근거를 제시해야 '주장도 설득력을 갖춘다'고 생각하기 때문이다. 그럼에도 불구하고 누군가에게는 내 글이 불편할 수 있고, 누군가는 동의하지 않을 수 있다.

그래도 괜찮다. 예민한 주제에 대해 툭 터놓고 자신의 의견을 말하고 토론할 수 있어야 반려동물 문화도 건전하게 성장할 수 있다고 믿는다.

3년 뒤에는 '우리나라 반려동물 산업과 반려동물 양육 문화가 많이 발전했다'는 평가가 나오길 기대한다. 그런 평가를 받는 데 이 책이 약간의 기여를 할 수 있다면 더 바랄 게 없다.

2022년 8월

글쓰는 수의사 **이 학 범**